Pieni ja suuri samassa veneessä

Pohdintoja lapsuudesta, aikuisuudesta ja montessoripedagogiikasta

Tekijä on saanut Suomen Tietokirjailijat r.y.:n apurahan tätä teosta varten vuonna 2008.

Oy Nordprint Ab/Opus Liberum, Helsinki 2013; Kustantaja: Books on Demand GmbH, Helsinki, Suomi; Valmistaja: Books on Demand GmbH, Norderstedt, Saksa 2015

ISBN 9 789523 184848

Sisältö

2

3

Alkusanat

Tämän kirjan taustalla on pitkäaikainen kiinnostukseni kasvatuksen merkitykseen ja lapsuuteen. Lapsuuden sosiologian opintojen myötä ymmärsin entistä paremmin lapsuuden ja aikuisuuden suhdetta ja yhteiskunnan vaikutusta ja ehtoja molemmille. Lasten kasvatus on sekä yhteiskunnallinen (poliittinen), yhteisöllinen, että kehityspsykologinen kysymys. Lapset kehittyvät tiettyjen vaiheiden kautta, jotka vanhempien on hyvä tuntea. Sota ja kriisit vaikuttavat poikkeuksellisesti, mutta myös rauhanajan yhteiskunnallinen todellisuus ja yhteisö, jossa lasta kasvatetaan, turvaavat tai estävät vanhempien mahdollisuuksia valita erilaisten vaihtoehtojen välillä ja saada tukea ja apua niitä tarvitessaan. Hyvää ja riittävää hoitoa määrittävät niin vanhempien teot ja taidot ja lasten kasvuolosuhteet, kuin yhteiskunnan vanhemmuudelle, päivä- ja iltapäivähoidolle ja koululle antamat mahdollisuudet ja rajoitukset. Päivähoito-oikeus on kirjattu lakiin, mutta kenen oikeus se oikeastaan on? Lasten, vanhempien vai työnantajien? Työelämä tarvitsee tekijänsä ja lapset laadukasta hoitoa. Pitkät hoitopäivät suurissa ryhmissä eivät sitä välttämättä ole.

Aikuisten maailman uhat ja epävarmuudet, ilot ja surut heijastuvat ukkosenjohdattimina toimiviin lapsiin, joilla on omat nokkelat ja kekseliäät, toisinaan epätoivoiset ja uhmakkaat keinot yrittää saada selkoa elämästä. Se ei ole aina helppoa ylivirikkeellisessä, kiireisessä teho- ja teknomaailmassa, jossa on liian vähän aikaa keskittyä, leikkiä ja olla rauhassa.

Lastensuojelutapausten lisääntyminen ja erityislasten kasvanut määrä toisaalla ja ylisuojeleminen ja kasvatuksellinen epävarmuus toisaalla ovat ääriesimerkkejä lapsuuden muutoksesta ja aikuisten pelkojen ja ahdistuksen, surullisissa tapauksissa hyväksikäytön ja piittaamattomuuden kanavoitumisesta ihmiskunnan pienimpiin ja nuorimpiin.

En muista tarkalleen, koska lapset alkoivat kiinnostaa minua. Nuorena en haaveillut lastentarhanopettajan tai luokanopettajan työstä; lapset pikemminkin pelottivat minua äänekkyydellään ja arvaamattomalla käytöksellään. Parikymppisenä sosionomina löysin itseni työstä nuorten parissa kunnassa ja järjestöissä (Nylands svenska barn- och tonårsförbund, Pohjola-Nordenin nuorisoliitto, kunnan nuorisosihteeri), mutta lapset olivat minulle vielä tuolloin vierasta kansaa.

Omien lasten myötä hurmioiduin uuden elämän edessä. Jossain kaikuivat pitkään kotiäitinä olleen oman emoni teesit. Lastemme ensimmäiset yhdeksän vuotta asuimme Englannissa ja minulla oli kotiäiti-freelancerina ainutlaatuinen tilaisuus tarkkailla omien lasten kasvamista vieraassa kulttuurissa.

Havainnoin kaikkea tarkasti, merkitsin muistiin lasten kehityksen, osuvat puheet, luin metrikaupalla lastenkasvatuskirjallisuutta, kirjoitin pakinoita ja juttuja lapsista ja lapsiperheemme elämästä ja haastattelin kansainvälisiä lastenhoito- ja kasvatusguruja Sheila Kitzingeriä ja Penelope Leachia suomalaisiin lehtiin (Keskisuomalainen, Elanto, Kaks´Plus mm.). Säännöllisempiä töitä tein monikielisessä tietokonelehdessä.

Lehtikirjoittamista - niin tietokonelehtiin kuin muihin aikakauslehtiin - jatkoin vielä Suomessa kymmenen vuoden ajan muokaten aiheeni lehtien kuolemien ja syntymien mukaan (KotiPC, Net@Work, Taltio, Eepinen, P.S.Y. - Arjen psykologiaa, Elämänilo) tietoyhteiskunnasta musiikkiin, kasvatukseen, terveyteen (Hifi, Kaks´Plus, Vauva, Voi hyvin, Anna, Suomen Kuvalehti, Terveydeksi). Välillä työskentelin pätkissä järjestöissä ja hallinnossa. Kun lapset tulivat murrosikään, yksi vaihe elämässä päättyi. Olin uusien haasteiden edessä.

5

Kiinnostukseni kasvatuksen merkitykseen oli edelleen syventynyt ja halusin oppia konkreettisesti, mitä lapsiryhmien kasvatus käytännössä parhaimmillaan voisi olla. Vuonna 2004 aloitin kansainvälisen (A.M.I.) 3-6 –vuotiaiden montessoriohjaajakoulutuksen Suomessa. Innostuin suuresti tästä pedagogiikasta, johon olin tutustunut jo Lontoossa. Valmistuttuani tein töitä montessoripäiväkodeissa noin kolmen vuoden ajan ja sijaisuuksia myöhemminkin. Uskoni menetelmään ja lasten piileviin mahdollisuuksiin, joita tulee ohjata ja vaalia kuin muitakin kasvavia taimia, ei horjunut käytännön työssä. Vaikka resurssit ja olosuhteet päiväkodeissa eivät aina vastanneet ideaalia, lasten loppumattomaan energiaan ja uuteen heittäytymisen kykyyn en koskaan kyllästynyt. Työn fyysinen puoli alkoi kuitenkin rasittaa niveliäni ja jouduin luopumaan pienten lasten opettamisesta.

Suomen Tietokirjailijat olivat myöntäneet minulle esikoiskirjailija-apurahan montessoripedagogiikasta kirjoittamiseen edellisenä vuonna. Hanke kaatui osaltani työryhmän vaihtuvuuteen ja työnjakoratkaisuihin. Suomen kielellä kirjoitettu teos ei ole vielä tätäkään kirjoittaessani (viisi vuotta myöhemmin) ilmestynyt. Keväällä 2009 seurasin Helsingin yliopiston luentosarjaa Lapsuus, tila ja liikkuvuus, joka herätti minut katsomaan lasta ja lapsuutta kehityspsykologiasta poikkeavalla tavalla myös yhteiskunnallisena ilmiönä. Edellisen kerran olin havahtunut siihen Penelope Leachin (1994) kirjan Children First myötä.

Vanhemmuudella on aina hintansa; sitä korkeampi, mitä enemmän vanhempi siihen sijoittaa. Voimme valita eri hoitomuotojen välillä, mutta valinnoilla on ehtonsa. Uraäiti menettää hetkiä lapsen kehityksessä ja elämässä , kotiäiti menettää mahdollisuuksia tuloissa, urakehityksessä ja lopulta eläkkeessä. Niin vanhemmat kuin yhteiskunta kokonaisuudessaan

6

toivovat kuitenkin samaa: motivoituneita, tyytyväisiä, itsestään ja yhteisöstään huolta pitäviä tulevaisuuden työntekijöitä.

Maailman kiihtyneeseen muutosvauhtiin sopeutumisessa tarvitaan uusia ajatuksia ja näkökulmia. Lasten kasvatuksessa on olennaista uskoa lapsiin, ei vain suojelukohteina, vaan myös itsenäisinä, pystyvinä toimijoina, jotka valmistautuvat tulevaan ja samalla elävät mahdollisuuksiensa keskellä siinä sekavassa maailmassa, jonka me omalla tavallamme keskeneräiset aikuiset olemme heille tehneet. Lapsilla on meitä enemmän aikaa, luovuutta, optimismia ja intoa. He voivat jopa näyttää meille tietä, kunhan vain annamme heille avaimet käteen. Avainnippu on aikuisilla

Olen toimittanut Montessori-lehteä ja kirjoittanut siihen artikkeleita muutamia vuosia, ja kirjoittanut kasvatusaiheisia juttuja muihin lehtiin, erityisesti Lontoosta vuosina 1988 -1996, mutta jonkin verran vielä viime vuosina. Keväällä 2010 ja 2011 pidin joitakin luentoja aiheesta samalla pidempi teksti mielessäni. Montessoripedagogiikan esittely ei ole tyhjentävä, vain johdatus aiheeseen. Olen käyttänyt omassa koulutuksessani 2004 - 2006 saamaani tietoa ja oppimiani termejä, joista osa on saattanut saada uuden suomennoksen sen jälkeen.

Kokemukseni montessori-pedagogiikasta ja työskentelystä iltapäiväkerhossa noin puoli vuotta saivat minut pohtimaan lasten käyttäytymisen eroja näiden kahden lapsuuden paikan välillä, ja erojen syitä. Tutkin erästä iltapäiväkerhoa myös pro gradu-työssäni. Kirjoita siitä! sanoi montessoriopettajani. Sillä tiellä olen, kiitos hänelle.

Tiukan akateeminen käsillä oleva teos ei ole, vaikka viittauksia lähteisiin onkin runsaasti. Pidän tärkeänä sitä, että tieteellisistä tuloksista kirjoitetaan yleiskielellä ja kiinnostavalla tavalla. Lapsuus, jota tässä käsitellään, on länsimainen lapsuus. Toivon, ettei popularisointini ole liian

7

rankka tieteentekijöiden mielestä, tai liian pakotettu maailmalle vieraisiin käsitteisiin kasvatustyötä käytännössä tekevien silmissä.

Kasvatus liittyy opetukseen, koulutukseen, erilaisten taitojen harjoittamiseen ja sosiaalistamiseen. Laaja antropologinen määritelmä liittää sen koko ihmislajin kehitykseen, suppeampi psykologinen keskittyy kahdenväliseen vuorovaikutukseen ja sosiologinen taas, muun muassa Ari Antikaisen (2006) mukaan, näiden välille.

Kasvatus ei siten ole vain yksilöiden välistä ja lähiyhteisössä tapahtuvaa, vaan myös sosiaalisten rakenteiden ja instituutioiden edustajat ja vertaisryhmät toimivat lapsen kasvattajina. Kuten koko ympäröivä yhteiskunta, jota lapset herkeämättä tarkastelevat, ja joka vaikuttaa heihin. "Lapsen mieli on kuin sieni, joka imee ympäristön vaikutelmia niitä hyviin tai huonoihin erottelematta", sanoo Maria Montessori. Vanhempien lasten ja nuorten kohdalla koulu on instituutio, jossa oppilaiden elämismaailmat ja koulutuksen yhteiskunnalliset kytkennät ovat paljolti jääneet vaille huomiota (Lindén & Autio 2000).

Yksilöllisen montessoripedagogiikan ja sosiologisen lapsuuden yhdistäminen oli haasteellista. On vaikea nostaa katsetta lapsesta niihin rakenteisiin joissa heitä kasvatetaan, mutta kirjan toinen osa levottomuus-käsitteen ympärillä on yksi alue, jossa näen niiden yhdistyvän. Kuten todettu, lapset, vanhemmat ja ammattikasvattajat voivat toimia vain niillä ehdoilla ja niissä olosuhteissa, joita yhteiskunta ja kulloinenkin aika heille suo. Myös Montessori otti huomioon ympäristön, ohjaavan aikuisen ja yhteiskunnan vaikutuksen lapsen kehitykseen, ja korosti esimerkiksi eri kulttuurien vaikutusta. Hän haastoi oman aikansa ja yhteiskuntansa osuuden lasten hyvässä kasvatuksessa kyseenalaistamalla vanhan kurikasvatuksen ja pulpetteihinsa liikkumattomiksi määrätyt pienet oppilaat ja kehitti oman

8

ainutlaatuisen pedagogiikkansa.

Vastaavasti voimme tänäänkin kyseenalaistaa ne yhteiskunnalliset olosuhteet, joissa lapset elävät ja kasvavat ja joissa vanhemmat yrittävät toteuttaa hyvää vanhemmuutta ja ammattikasvattajat tehdä omaa työtään. Kuinka hyvin yhteiskunta mahdollistaa sen?

Lapsilähtöisen kasvatuksen sisäistäneenä en ole jättänyt lasten ääniä kokonaan pois, joskin olen sitä mieltä, että herkät ja kasvavia kunnioittavat aikuiset voivat toimia lasten edustajina. Lasten äänet kuuluvat päiväkirjaotteissani välillisesti (merkintöjen käyttöön olen saanut luvan, lasten nimiä ei mainita), ja omien lasteni kommenteissa luvussa 'Esimerkkejä varhaiskasvatuksen perillemenosta'. Huumoria ei saa unohtaa, eikä se lasten kanssa onnistuisikaan.

Lapset ovat olleet tämän kirjan inspiraatio ja jatkuva ilon ja hämmästyksen lähde. Omani näyttävät löytäneen tiensä ja äänensä, mistä olen iloinen. Suurin kiitokseni menee heille, ja kaikille niille lapsille joita minulla on ollut ilo ohjata, ja myös kaikille kollegoille ja vanhemmille, joiden kanssa olen saanut jakaa lapsuuden ihmettelyä. Samoin lämmin kiitos käsikirjoituksen lukijoille Anne Mattilalle, Hans Markelinille, Liisa Rannalle ja montessoriopettajalleni Marja-Leena Tyrväiselle, joiden osuvat huomiot auttoivat selvittämään epätarkkoja ilmauksia.

Ensimmäinen versio ilmestyi vuonna 2013. Tämä on uusi painos, johon olen tehnyt joitakin korjauksia ja muutoksia, jotka eivät vaikuta kirjan kokonaissisältöön, mutta jotka saamieni kommenttien jälkeen toivottavasti parantavat lukukokemusta.

Vantaa, tammikuussa 2015   Tekijä

I JOHDANTO AIHEESEEN JA ERÄS VAIHTOEHTO

Luku 1

Lapsuuden historia – "Kollektiivisesta sukuyhteisöstä ydinperheen tulevaisuudenlupaukseksi"

Kun lapsuutta tutkii yhteiskunnallisena ilmiönä, törmää heti lapsuuden ajalliseen vaihteluun. Tutkimusten mukaan (Ariés 1962) lapsuus käsitteenä syntyi vasta modernin ajan myötä 1800-luvulla, eurooppalaisissa kaupungeissa 1600-luvulla. Modernin ajan tunnusmerkkejä olivat kaupungistumisen alku, suurperheiden asteittainen hajoaminen, koulut ja ensimmäiset lastentarhat. Kaupungit johtivat modernisoitumisprosessia 1400-luvulta lähtien. 1600-luvulta alkaen valtio ja kirkko alkoivat huolehtia lasten koulutuksesta, ja kasvatus tuli julkisuuden piiriin. Lapsiin alettiin kiinnittää huomiota muutenkin kuin minikokoisina aikuisina, ja pojat pääsivät ensimmäisiin kirkon ylläpitämiin kouluihin.

Tietenkin lapsia on aina ollut, ja Ariésia onkin kritisoitu siitä, ettei lapsuutta olisi käsitteenä tunnettu. Hän herätti joka tapauksessa tutkijat lapsuuden käsitteen suhteellisuuteen. Keskiajalla ja ennen sitäkin lapsiin ei kiinnitetty sen suurempaa huomiota kuin aikuisiinkaan. Yksilöllisyys meidän tuntemassamme muodossa ei ollut vielä kehittynyt. Lapsista iloittiin, koska he takasivat perheen elämän ja työnteon jatkumisen maatalousvaltaisessa yhteiskunnassa. Lapset osallistuivat peltotöihin, karjan hoitoon ja talon askareisiin heti kun he

10

kykenivät tekemään pieniäkin töitä. Samalla he oppivat vanhempien sisarusten ja vanhempien kanssa monet tarvittavat taidot ja elivät suurperheessä joukon jatkeena.

Tuota aikaa ei voi muuten ihannoida, sillä suurin osa ihmisistä oli köyhiä, ruoasta oli puutetta, sairaudet ja ennenaikaiset kuolemat olivat arkipäivää. Lääkkeitä tai lääkäreitä ei ollut helposti saatavilla. Luonnon lääkkeitä käytettiin, mutta tavallista oli, että lapsia kuoli jo synnytyksessä tai hyvin varhain erilaisiin tauteihin. Kuolema oli jokapäiväistä ja tarvittiin aina uusia lapsia. Ei ollut aikaa jäädä suremaan menehtyneitä. "Kuoleman aina läsnä olevalle haasteelle ei ollut muuta vastausta kuin lapsia täynnä oleva talo". (Ariés, Duby, Chartier 2001, 243.) Nykyaikaisia ehkäisyvälineitä ei tunnettu.

Lapset alettiin nähdä muinakin kuin pieninä aikuisina ensimmäiseksi juuri yläluokissa ja kaupungeissa, joissa heitä hemmoteltiin, puettiin röyhelöihin ja samettiin, vietiin lyhyiksi tuokioiksi imettäjän tai lastenhoitajan luota omien vanhempien seuraan, mutta ei annettu juosta vapaina luonnossa. Rikkaat naiset saattoivat tehdä lastenhoidollisia valintoja jo tuolloin. Toki lapsista on aina enemmän tai vähemmän huolehdittu. Suku ja vanhemmat välittivät ja huolehtivat lapsista jo keskiajalla mahdollisuuksiensa mukaan, mutta vasta ydinperhe alkoi korostaa vanhempien roolia julkisen koululaitoksen rinnalla. Lapsia haluttiin yhä enemmän myös heidän itsensä vuoksi, ei vain jatkamaan sukua. (Ariés, Duby, Chartier 2001).

Joskin lapsia nykyään halutaan heidän itsensä vuoksi,

11

joskus tuntuu kuitenkin siltä, että lapset ovat vanhempien oman elämän jatke, projekti, josta halutaan huippu-urheilija, tiedemies, menestyvä muusikko ja kaikkea sitä, mitä vanhemmat eivät itse saaneet aikaan. Erilaisissa virallisissa lapsiohjelmissakin lapsista puhutaan lähinnä tulevaisuuden kansalaisina ja työvoimana (Alanen ym. 2009, 27). Tietenkin he ovat myös sitä, mutta jo lapsina omia persooniaan, joilla on omia mieltymyksiä ja kiinnostuksen kohteita.

Norjalainen psykiatri Finn Skårderud (2002, 93) on kiinnittänyt huomiota tähän. Kun lapsi nähdään vain vanhempien itsetoteutuksen ilmauksena, voi lapsen oma persoonallisuus jäädä varjoon. Vaarana on, että kun lapsiprojekti ei vastaakaan odotuksiin, lapsesta tulee taakka. Hän kertoo, miten Ruotsissa on jo kuultu vanhemmista, jotka synnytyslaitoksella ovat huolissaan siitä, että lapsi on liian lihava, ja geeniteknologialla voidaan pian säädellä toivottuja ominaisuuksia. Vaikka kaikkia mahdollisuuksia ei käytettäisikään hyväksi, jo mahdollisuus valita vaikuttaa siihen, miten suhtaudumme. Lapset edustavat toivoa tulevaisuuden muutoksesta, mutta joskus toiveet ja haaveet voivat lyödä yli.

Vanhemmuus ja aikuisuus ovat koko ajan läsnä, kun lapsista ja lapsuudesta puhutaan. Arvostettu brittiläinen lapsuudentutkija ja sosiologi Nick Lee (2001) on kiinnittänyt tutkimuksissaan huomiota juuri siihen, miten lapsuuden käsite nojautuu aikuisuuteen, siihen, johon lapset ovat kasvamassa. Ongelmaksi on muodostunut vain, että tämä mittatikkuna käytetty kuva perinteisestä aikuisuudesta on vanhentunut ja hämärtynyt. Aikuisuuden tunnusmerkkinä pidetty vakaa ja varma työpaikka ei ole itsestään selvä, eliniän kestävä avioliitto ei ole enää itsestään selvä ja koko yhteiskunnan epävarmuus talouskriiseineen ja ympäristöongelmineen heijastuu vanhemmuuteen ja lapsuuteen. Molemmat ovat menettäneet entistä selkeyttään.

Kasvatuksella on entistä suurempi merkitys. Kun se on siirtynyt yhä enemmän kasvatusammattilaisille pois perheeltä äitien työssäkäynnin ja pitkien työpäivien myötä, pedagogisen koulutuksen ja laadullisen varhaiskasvatuksen tärkeys on korostunut. Myös lasten ajasta ja huomiosta kilpailevien teknisten välineiden vaikutus on entistä suurempi. Silti nykypäivän päivähoidossa ei tuo laadun korostus laajemmin näy. Ryhmät ovat edelleen suuria, tilat pieniä ja hoitajia on liian vähän.

Montessoripedagogiikka edusti uudenlaista tapaa suhtautua lapsiin jo sata vuotta sitten, jolloin opettajat tavallisissa kouluissa olivat varsinaisia vallankäyttäjiä ja kurinpito autoritääristä. Maria Montessori korosti opettajan taka-alalla pysymistä, ohjausta ja lapsen nostamista kasvatuksen lähtökohdaksi. Menetelmä ei ole menettänyt merkitystään ajan kuluessa.

13

Luku 2

Lapsi ja aikuinen - Pieni ja suuri samassa veneessä

"Each person is always in a process of 'becoming'" (Elias 1978, 120)

Kuten edellisessä luvussa todettiin Ranskalaisen historioitsija Philippe Arièsin (1962) mukaan lapsuuden kulttuuriset alkujuuret (Ranskassa) voidaan sijoittaa 1500- ja 1600-luvuille. Sitä ennen ei hänen mukaansa lasten ja aikuisten välisellä erottelulla ollut yhteiskunnallista merkitystä, eli lapsuutta ei nykyisin tuntemassamme mielessä tunnettu. Siirtymä "pienikokoisista aikuisista" lapsiksi ja perheen, naisten, kasvatuksen ja vähän myöhemmin koulutuksen piiriin kuuluviksi kesti kaksi vuosisataa (Alanen ym. 2009, 18).

Yleistyksen ja vallitsevan länsimaisen käsityksen mukaan jokainen lapsi edustaa kaikkia lapsia. Ja kaikki lapset ovat riippuvaisia noista toisista, jotka ovat saavuttaneet tasapainon kulttuurin ja järjen avulla - aikuisista. Lapset nähdään inhimillisenä erityistapauksena, joka liittyy heidän "luonnonmukaisuuteensa" ja itsehallinnan, hillinnän ja maltin puutteeseen. Kun lapsia pidetään ensisijaisesti sijoituksena tulevaisuuteen, järkeillään, että jos lasten sosiaalistamisessa yhteisöön epäonnistutaan, tuloksena tästä epätäydellisyydestä on kaaos, epävakaa tila yksilöllisellä tai yhteisöllisellä tasolla. Lapset tulee vain kasvattaa ja sopeuttaa yhteisöön, jotta heistä aikanaan tulee vakaita, riippumattomia ja itsenäisiä aikuisia. Tämä käsitys lasten ja aikuisten suhteesta ei päde

14

aina ja kaikkialla, mutta erityisen vaikutusvaltainen se on silloin, kun aikuiset ovat asiantuntija-asemassa (kasvattajina tai muuten) lapsiin nähden; tilanteissa, joissa tieto ja valta yhdistyvät. (Lee 2001, 45.) Lasten ja nuorten sosiaalistaminen yhteiskuntaan näyttää tänä päivänä monilla mittareilla epäonnistuneen, mutta kaaos ja pelko siitä tuntuvat olevan toisinaan suurempia aikuisten keskuudessa.

Lapsuuden sosiologit kritisoivat näkökantaa, joka näkee lapset vain keskeneräisinä, joksikin tulossa olevina. Pelkästään kehityspsykologiaan ja lapsen tarpeisiin perustuva luonnollinen lapsikäsitys on lapsuuden sosiologian näkemyksen mukaan lasta aliarvioivaa. Täten yhteiskunnallisia rakenteita ja ihmisten vuorovaikutusta tutkiva tieteenala lähestyy lapsikeskeisyyttä, lasta "an sich", jonka käsityksen muun muassa Maria Montessori (myös Rousseau, Ellen Key) näki jo sata vuotta sitten.

Lapsilähtöisyys, josta on puhuttu kasvatustieteissä joitakin vuosikymmeniä, ei ole yrityksestä huolimatta näkynyt reaalimaailmassa. Lasten sisäiseen kehityspotentiaaliin, heidän ajatuksiinsa ja mielipiteisiinsä ei ole luotettu suuremmassa mittakaavassa. Lasten ääni ei edelleenkään kuulu ympäristön suunnittelussa, koulun käytännöissä, harrastuksissa, tai vakavammin oikeussaleissa (sensitiivinen osa-alue, josta Britanniassa on paljon kokemusta) tai lastensuojelussa.

Lapsuutta rakennetaan ja tuotetaan yhteiskunnallisena rakennelmana näkymättömästi eri tasoilla. Rakenteet eivät näy, koska

15

ne ovat erilaisia instituutioita, säädöksiä, ohjeistuksia, normeja ja puhetapoja. Jokainen yhteiskunnallinen tilanne tuottaa omanlaisensa ehdot lapsuudelle (Alasuutari & Karila teoksessa Alanen ym. 2009, 72). Marjatta Kallialan (1999) mukaan sosiaalisesti rakennettu ja luonnollinen lapsuuskäsitys vastakkaisina johtaa yksipuoliseen joko-tai - asetelmaan. Hänen mukaansa ne tulee pikemminkin nähdä naistutkimuksesta tutulla tavalla, yhteiskunnallisesti ja biologisesti määrittyvinä, kuten sex- ja gender-käsitteet. On kuitenkin hyvä olla tietoinen niistä ja niiden suhteesta, siitä, että ne vaikuttavat toisiinsa.

Kasvatussosiologian uranuurtajan Emil Durkheimin alkuperäisestä ajatuksesta lasten sosiaalistamisesta ei voida kokonaan luopua - kasvavat on johdatettava aikuisten maailmaan. Mutta tutkijoiden ja kasvattajien tulee nähdä lapset omina persoonallisuuksinaan, aktiivisina osallistujina omaan elämäänsä, ei passiivisina sosialisaatiotoimenpiteiden vastaanottajina. Hyväksi kansalaiseksi kasvattamisen kriteerit vaihtelevat ajan luonteen mukaan. Muuttuvassa maailmassa tarvitaan ennen kaikkea luovan ajattelun taitoja.

Käsitys lapsuudesta prosessina, johon lapset itse vaikuttavat, perustuu siihen eettiseen näkökulmaan, että kaikkia ihmisiä tulisi kohdella tasa-arvoisesti (Lee 2001). Perustuslain mukaan lapset ovat aikuisten kanssa tasavertaisia lain edessä. Laki turvaa lasten ihmisarvon, oikeuden elämään, henkilökohtaiseen vapauteen, koskemattomuuteen ja turvallisuuteen. Siihen kuuluu oikeus tulla kohdelluksi tasa-arvoisesti yksilöinä, osallistua ja vaikuttaa. Lasten kehitysaste tulee ottaa huomioon. Tämä on nykyihmisen moraalikäsityksen mukaista. Emme enää hyväksy patriarkaalista lasten kohtelua vanhempien omaisuutena ja lasten mitätöimistä aikuisten yksipuolisen vallankäytön kohteena (Hoikkala 1993). Auktoriteetti ei voi enää olla se perinteinen auktoriteetti, jonka vastinparina oli välttämätön kuuliaisuus (Ojakangas 1995, 287 - 297).

Kehitysnäkökulmaa ei voi hylätä, mutta oikeutettu kritiikki haluaa kiinnittää huomion siihen, miten lasten kehittymättömyyteen vetoamalla on hiljennetty lasten oma ääni.

Deleuze & Guattari (1988) ovat tuoneet esille, ettei aikuisenkaan omaäänisyys ja vakaus selity itsemääräämisellä, sillä vaikka ihmiset vaikuttavat kuinka täydellisiltä, me "lainaamme" jatkuvasti toisiltamme, mediasta ja kaikista maailman resursseista, kasvi-, eläin- ja kivikunnalta. Tutkijoiden mukaan kaikki ihmiset, iästä riippumatta, ovat perustavalla tavalla epävalmiita. Tämä avaa mahdollisuuden ihmiselämän mukautumiselle ja muutokselle.

Myös Derrida (1976) huomauttaa, että jos lapsilta on evätty ääni, kun heidät on hiljennetty ja mitätöity sillä perusteella, että lapset keskeneräisinä ihmisinä eivät ole kuulemisen arvoisia, vaan joko lisäkehittymisen tai lisäsosialisaation, tai heidän puolestaan puhuvan aikuisen tarpeessa, se ei voi pitää paikkaansa. Sillä kukaan ei voi saavuttaa sellaista täysin riippumatonta ja täydellistä tilaa, johon väite

17

perustuu. Tällä perusteella lasten ja aikuisten vastakkaisuus näyttää paikkansapitämättömältä. Iästä ja asemasta riippumatta kaikki ihmiset ovat riippuvaisia jostakin itsensä ulkopuolisesta lisäominaisuudesta tai laitteesta.

Ja jos väitetään, että "lapset ovat epätäydellisiä, koska he ovat luonnollisemmassa tilassa kuin aikuiset, heillä on ollut vähemmän aikaa kehittää järkeään ja oppia yhteiskunnan tapoja, arvoja ja odotuksia", tällöin ero on yhtä selkeä kuin ero luonnon ja kulttuurin välillä, itse asiassa sama ero. (Lee 2001.)

2.1. Määrittelyä pakeneva aikuisuus

Ranskalainen sosiologi Henri Lefebvre tekee erottelun kronologisen, ikään sidotun aikuisuuden ja muun aikuisuuden välillä (Lefebvre 2003). Mitä tämä muu aikuisuus sitten on? Nick Leen (2001) määritelmä liittää aikuisuuteen taloudellisen itsemääräämisen, omaäänisyyden, johdonmukaisuuden, luotettavuuden. Aikuisuus on kuitenkin saippuamainen, liukasteleva käsite, joka pakenee pysyvää määritelmää.

Joskus on tehtävä ero aikuisen ja lapsen välillä iän perusteella, kuten lainsäädäntö ja oikeuskäytännöt tekevät. Ne vetävät rajaa täysi-ikäisen ja alaikäisen kansalaisen välille. Sen ylitettyään kansalainen on oikeutettu sitoviin taloudellisiin sopimuksiin, työntekoon, päihteiden hankintaan, autolla ajoon ja muihin vastuullisuutta edellyttäviin toimiin. Yksi aikuisuuden määritelmän osa-

18

alueista lienee arvovalintojen tekeminen ja vastuullisuus, se, että kantaa vastuun tekemisistään ja tekemättä jättämisistään ja niiden seurauksista, ja on luotettava. Niin ajatellen kaikki ikänsä puolesta aikuiset ihmiset eivät valitettavasti ole sitä muiden määreiden mukaan. Ja toisaalta, muista määritteistä erotettuna, myös lapsi voi olla luotettava ja johdonmukainen.

Montessori piti 10-vuotiaita lapsia niin kehittyneinä ja harkitsevina, että kirjoitti uskovansa, että jos maapallolle tulisi vieraita muualta avaruudesta ja he tapaisivat ensimmäisenä 10-vuotiaita lapsia, he luulisivat näitä planeetan aikuisiksi.

Aiemmin mainitun Finn Skårderudin mukaan aikuisuus ei ole synnynnäistä eikä itsestään selvää. Kehomme kasvaa kyllä, kunhan saamme ravintoa, ja järki seuraa verkkaisesti perässä. Mutta tunne-elämän kypsyminen edellyttää, että lapsilla ja nuorilla on malleja ja esikuvia, joilta he voivat oppia. Sillä ei ole kasvatusta ilman auktoriteettia (Ojakangas 2001, 54).

Aikuistuminen on nuorille niin vaikeaa nykyään ehkä juuri siksi, että myös monen aikuisen mielestä on rasittavaa – ja jossain määrin myös ei-toivottavaa – aikuistua. Skårderud sanoo teoksessa Oro (2002), että aikuistumisessa on kysymys samaistumisesta. Ja vastustuksesta. Esimerkiksi, jos aikoo pelata biljardia, asiaa auttaa biljardipöytä, jossa on asiaankuuluvat reunat. Rajat ovat välttämättömiä. Monet nykyajan persoonallisuushäiriöistä ovat sidoksissa rajattomuuteen. "Rajatila" kertoo psykiatrisena terminä paljon. (Mt., 89

19

- 90.) Suora samaistuminen ihailtuun, lähellä tai tarjolla olevaan auktoriteettiin olisi sopeutumista ilman omaa ajattelua. Vastustaminen on välttämätöntä lapsen ja nuoren oman identiteetin ja omien sisäisten rajojen löytymiseksi. Aikuisuudella on käsitteenä pelkästään hyvä kaiku. Aikuinen on kypsä, harkitseva, vastaa itsestään ja huolehtii muista. Ne, jotka eivät aikuistu tai aikuistuvat hitaasti ja myöhään, ovat ongelma yhteiskunnassa, big babies, ikuisia murrosikäisiä, jotka haluavat leikkiä, pitää hauskaa ja vältellä vastuuta. On ongelma kun nyky-yhteiskunnassa kaikenikäiset peter panit pukeutuvat samanlaisiin vaatteisiin ja viihdyttävät itseään samoilla ajanvietemarkkinoilla, jossa vanhemmat voivat jättää lapsensa rattaisiin tuntikausiksi kapakan ulkopuolelle, ja joissa vastuunkantamista todella vältellään.

Tietenkin vastuuta vältteleviä ihmisiä on aina ollut, mutta nykykulttuuri tyrkyttää mallia kaikille, ja yhä useampi tarttuu haaviin ja jää siihen. Hälyttävän suuri osa lapsista ja nuorista on masentuneita ja reagoi aikuisten puuttumiseen elämästään erilaisella häiriökäyttäytymisellä. Toki monet vanhemmat osaavat erottaakin vastuun ja vapaan, huvin ja hyödyllisyyden, mutta osalta vastuun kantamisen reunaikä on karannut pitkälle.

Toisaalta aikuisuudessa on myös omat rituaalinsa ja jäykät muotonsa, joiden noudattamisessa menetetään jotain elävää. Mieleen tulee Michael Enden Momo-kirjan harmaat herrat ja kaiken peittävä harmaa pöly. Teologi, kirjailija ja kouluttaja Martti Lindqvist

20

on kirjoittanut olevansa perinteisessä mielessä hyvin vähän aikuinen ihminen, joka ei pidä aikuisten rituaaleista seuraelämässä. Hän kyllästyi helposti kokouksissa, ja koki aikuisten maailman myös aika ilottomaksi.

Momo-kirjan suuri arvoitus kolmesta aikakäsityksestä, joita ei ole olemassa ilman toisia, olisi sopinut Martti Lindqvistille, joka kirjoitti myös: "en usko elämään, joka olisi yhdessä hetkessä vain lapsuutta, nuoruutta, aikuisuutta tai vanhuutta. Ihmisen aika on paljon monitasoisempi ja salaperäisempi asia. Se ei oikeastaan juokse, vaikka kello niin väittää, vaan kiertää, tiivistyy, sykkii ja täyttyy. Aikuinen ei ole vain aikuinen - onneksi."

Tärkeintä uudessa lapsuuskäsityksessä on, että se ei aina ole valmis vahvistamaan kronologisesti määriteltyjen aikuisten auktoriteettia, valtaa ja ylemmyyttä lapsiin nähden. Tämä liittää sen montessoripedagogiikan prinsiippeihin. Ja vaikka valta on aina läsnä kasvatuksessa, sen ei tarvitse perustua kuriin ja pakkoon ja aikuisten perusteettomaan tottelemiseen. Se voi olla houkuttelevaa, neuvottelevaa valtaa, joka ei käytä toista hyväkseen, vaan pyrkii paitsi sosiaalistamaan lapset elämään yhdessä toisten kanssa, myös opettamaan itsekuria, itsetuntemusta ja -ohjautuvuutta oman potentiaalin löytämiseksi ja toteuttamiseksi.

Aikuisilla tulee olla valta, kunhan muistamme, että lapset ovat kykeneviä ilmaisemaan mielipiteensä, joita tulee kuunnella ja ottaa ne huomioon aina kun mahdollista.

Jotkut psykologit ovat kritisoineet lapsuussosiologien

21

lasten omatoimisuuden korostamista ja esittävät sen voivan tarkoittaa lapsen itsenäisyyden asettamista liian korkealle liian varhain. Se vaara on toki olemassa, jos aikuinen on passiivinen ja vetäytyy vastuusta. Toisaalta oma kokemus on myös hyvä opettaja. Toiminta lisää ajattelukykyä.

Montessoripedagogiikassa taka-alalla oleminen ei tarkoita vastuusta vetäytymistä, vaan aktiivista passiivisuutta. Saman kertoo pedagogiikan tunnuslause "auta minua tekemään itse". Lapsen annetaan yrittää itse omaehtoisesti ja häntä autetaan vasta kun useammat omat yritykset eivät ole onnistuneet. Kasvatus on herkkää taiteilua lapsen toimijuuden, sosiaalisten sääntöjen ja aikuisen ohjauksen välillä.

Luku 3

Kuka Maria Montessori - mikä montessorimenetelmä?

Montessoripedagogiikan kehittäjä, Rooman yliopiston ensimmäiseksi naispuoliseksi lääketieteen tohtoriksi vuonna 1894 valmistunut Maria Montessori (1870-1952) ei halunnut oikeastaan edes puhuttavan lasten kasvatusmenetelmästä, sillä hän katsoi työn lapsen puolesta olevan työtä ihmiselämän puolesta. Kyse on lapsissa ilmenevän elämän prosessin havainnoimisesta, itsestään tapahtuvan kehityksen helpottamisesta, esteiden poistamisesta kehittymässä olevan, tulevan aikuisen, oppimisen tieltä. Maria Montessori muotoilee monet pedagogiikan periaatteet teoksessaan Lapsen salaisuus.

Valmistuttuaan lääkäriksi Montessori työskenteli aluksi kehitysvammaisten lasten parissa menetelmillä, jotka perustuivat osittain ranskalaisen lääkärin E. Seguinin teorioihin. Sen jälkeen hän soveli menetelmiään köyhien lasten parissa Rooman slummeissa. Hänen opettamansa lapset saavuttivat huomattavia tuloksia ja läpäisivät kaikille lapsille tarkoitetut luku- ja kirjoitustestit vaivatta. Ensimmäinen "Lasten Talo", "Casa dei Bambini" avattiin Roomassa tammikuussa 1907. Sieltä pedagogiikka on levinnyt ympäri maailmaa. Montessorin elämästä ja pedagogiikasta voi lukea lisää mm. lähdeluettelossa mainituista teoksista.

Työskennellessään eri puolilla maailmaa Maria Montessori havaitsi kaikissa lapsissa saman ilmiön, niin sanotun

23

"vastaanottavaisen mielen" (absorbent mind). Sen ansiosta jokainen lapsi imee itseensä ympäristön vaikutteet, niin hyvät kuin huonot, minkä tahansa maailman kielen, kulttuurin ja tavat, suhtautumisen muihin ihmisiin ja käsityksen itsestään. Tämän lapsi tekee ensimmäisen kolmen vuoden ajan tiedostamattaan ja sen jälkeen tietoisena. Lapsi siis oppii tietämättään, ja myös aikuisen ja ympäristön tahtomatta kaiken senkin, mitä ympäristö ei hänelle tietoisesti opeta.

Montessori tähdensi aikuisen vastuuta käyttäytymisestään, ohjaajan roolia mallina ja havainnoinnin ammattilaisena, ja erityisesti lapsille tarjottavaa, valmisteltua ympäristöä, johon kuuluu olennaisena osana työrauha. Näiden positiivisten elementtien ollessa kohdallaan, lapsi saa kasvaa omiin mittoihinsa, omaan tahtiinsa.

3.1. Myyttejä ja ennakkoluuloja

Montessoripedagogiikka ymmärretään usein väärin, niin 100 vuotta sitten kuin vielä nykyäänkin. On sanottu, että se on
1. yleisesti jäykkä, 2. tukahduttaa lasten aloitekyvyn, 3. kehittää vain siisteyttä, järjestystä ja itsekuria, on liian älyllinen, eikä jätä tilaa mielikuvitukselle tai luovuudelle. Seuraavassa pureudutaan väitteisiin tarkemmin
1.Menetelmä ei ole jäykkä, vaan elää lapsen mukana. Kyse on elämän tutkimisesta. Lapsen ei montessoriympäristössä tarvitse tehdä mitään

24

sellaista, mihin hän ei ole valmis. Ei myöskään käyttää montessorivälineitä. Välineiden kunnioittava käyttötapa ja palauttaminen takaisin paikoilleen on ehdoton sääntö.

2. *Ennakkoluulo lasten aloitekyvyn tukahduttamisesta* saattaa perustua menetelmän pinnalliseen tarkasteluun. Jos vierailija tulee montessoriluokkaan työskentelyn aikana, hän havaitsee, että lapsia ohjataan tiettyjen, hyllyillä valmiina odottavien välineiden ja töiden pariin. Nämä esitellään lapselle ensimmäisellä kerralla tarkoin määrättyjen liikkeiden ja vaiheiden kautta. Sen jälkeen lapset valitsevat tarpeidensa ja mieltymystensä mukaisesti hyllyiltä töitä, joiden käyttöön heidät on ohjattu. Välineitä ja töitä on viideltä pääalueelta: 1. käytännön elämän työt, 2. aistimateriaalit, 3. matematiikka, 4. äidinkieli ja 5. kulttuurin alue (tarkemmin luvussa 3.4.). Lasten oma-aloitteisuutta ei tukahduteta, se vain ohjataan vaivihkaa oppimista edistävien, tarkoin suunniteltujen välineiden pariin. Kirjat, kasetit, maalaus, piirtäminen, askartelu, ovat yhtä lailla käytössä työskentelyn aikana, ja niitä lapsi saa myös vapaan tahtonsa mukaan valita. Piireissä lauletaan ja leikitään, liikuntatuokioissa jumpataan.

Montessorivälineiden käyttö edistää keskittymiskykyä, liikkeiden koordinaatiota, itsenäisyyttä ja oma-aloitteisuutta. Kun lapsi saa oppia sopivasti haasteellisia, uusia asioita, ei liian helppoja tai vaikeita, hän kiinnostuu, innostuu, ja onnistuessaan saa itseluottamusta. Pedagogiikassa korostetaan sitä, että lapsen työskentelyä ei saa keskeyttää, eikä huomauttaa virheistä työn aikana. Töihin sisältyvän virheen kontrollin ansiosta lapsi itse huomaa edistyessään mahdolliset virhetoiminnot ja korjaa tekemistään oma-aloitteisesti. Tarvitessaan apua hän saa sitä. Lapset saavat myös toistaa samoja tehtäviä niin kauan kuin haluavat, toisin sanoen, niin kauan kuin he tarvitsevat aikaa oppiakseen ja sisäistääkseen jonkin asian. Tätä myös tapahtuu paljon. Päivästä toiseen, monesti useiden viikkojen ajan, lapset saattavat valita aina saman työn. Jokaisella on oma tahtinsa kehittyä.

3.Menetelmä kehittää vain siisteyttä, järjestystä, itsekuria, ei luovuutta.

Pinnallisesti menetelmää tarkastellen voi näyttää siltä, että tämä myytti on totta. Montessorimenetelmässä lapset opetetaan tekemään töitä loogisessa järjestyksessä, loppuun asti, ja palauttamaan välineet työskentelyn päätyttyä takaisin omille paikoilleen. Kaikissa välineissä on tarkat ensimmäisen esittelyn säännöt, miten vaaleanpunaisen tornin palikoita kannetaan, tunnustellaan ja sijoitetaan tai miten ruskeiden portaiden osia mittaillaan tai rakennuskolmiolaatikoiden kolmioita tarkastellaan. Mutta tämän jälkeen, kun lapsi osaa käyttää välinettä oikein, hänellä on vapaus kokeilla sen kanssa eri tavoin, leikkiä ja tutustua siihen uusilla tavoilla tiettyjen sääntöjen puitteissa (niitä ei saa vahingoittaa). Käytännön elämän työt ovat poikkeus, lusikointi, kaatelu-, kiillotus- ja muut vastaavat työt tehdään aina samalla tavalla, työvälineitä loogisessa järjestyksessä käyttäen. Matematiikan ja

26

äidinkielen materiaaleilla on myös määrätyt tehtäväkohtaiset menetelmänsä. Luovuus saattaa itää kaaoksessa, mutta se tarvitsee ensin säännöt, joita sitten voi rikkoa. Vastaanottavaisen mielensä avulla lapsi käyttää kaikkia mahdollisia tapoja tutustua maailmaan, hänellä ei ole ennakkoasenteita tai -odotuksia asioiden suhteen, hän tekee ja kokeilee kaikkea ensimmäisiä kertoja.

3.2. Ohjaaja vastaa herkkyyskausiin

Ohjaajan rooli montessoripedagogiikassa on olennainen ja mielestäni malli aikuisen ja lapsen suhteesta yleisemminkin. Päällisin puolin näyttää ehkä siltä, että aikuinen on montessoriympäristössä passiivinen, mutta tähän ulkoiseen passiivisuuteen sisältyy tarkka lapsen ja ympäristön havainnointi. Aikuinen puuttuu asioihin jos tarve sitä vaatii: lapsi on hätääntynyt, tarvitsee apua tai tukea, mutta ohjaaja ei auta joka käänteessä, ei tyrkytä neuvojaan, ei keskeytä lapsen omia yrityksiä, vaan kunnioittaa jokaisessa lapsessa piilevää tarvetta tehdä itse, yrittää ja erehtyä.

Ohjaaja pyrkii myös aktiivisesti, mutta tyrkyttämättä tarjoamaan lapselle tämän kulloinkin tarvitsemia asioita. Nämä tarpeet, elämän perusprosessit, herkkyyskaudet Maria Montessori löysi lapsia havainnoidessaan. Ne ovat universaaleja, ohimeneviä, eripituisia kausia, joiden aikana lapsi on virittynyt oppimaan ja omaksumaan tiettyjä asioita herkemmin kuin niitä ennen tai niiden jälkeen. Ne keskittävät lapsen oppimisen, ilman niitä lapsi olisi vastaanottavaisen mielensä kanssa kaaoksessa.

Montessori havaitsi kuusi eri herkkyyskautta, jotka ovat kielen kehittymisen herkkyyskausi 0-6 v, järjestyksen herkkyyskausi 9kk - 3 v, aistitoimintojen tarkentuminen 0-5 v, kiinnostus pieniin esineisiin 1-2,5 v, sosiaalisen käyttäytymisen herkkyyskausi 2,5-6 v, liikkeen herkkyyskausi 1-4 v.

Herkkyyskaudet ovat olemassa luonnostaan, ne toimivat eri intensiteetillä eri lapsilla ja ovat osittain päällekkäisiä. Aikuinen voi vain - ja hänen tulee - tarjota kaikkea, mikä vastaa herkkyyskausien tarpeisiin. Sosiologi I. Frønes on huomauttanut, että herkkyyskausien, joilla alun perin on biologiset juuret, on myöhemmin ymmärretty rakentuvan ja toteutuvan tietyssä määrin sosiaalisesti (Frønes 1991b teoksessa Qvortrup ym. 1994, 163).

Montessoriohjaajan yksi tärkein työväline on havainnointi. Sen avulla nähdään, missä vaiheessa lapsi on menossa ja mistä hän on kiinnostunut, jolloin häntä voidaan ohjata oikean tasoiseen toimintaan oikealla hetkellä. (Tyrväinen 2004; Montessori 1997, 150-153.)

3.3. Sujuvan arjen haasteita

Montessoripedagogiikka toimii lapsen parhaaksi silloin, kun tietyt perusedellytykset toteutuvat. Niihin kuuluu muiden muassa, että *1. aikuinen tiedostaa oman roolinsa vaatimukset suhteessa lapseen: pysyy taustalla, passiivisena mutta aktiivisena, 2. valmisteltu ympäristö: montessorivälineet, siisteys, töiden vaihtuvuus toisiin samanlaisiin, järjestys, työrauhan antaminen toisille, esteettisyys, 3. tarpeeksi pitkä työskentelyaika.*

Montessoriohjaajat sisäistävät koulutuksensa aikana jo useammin mainitun tärkeän ominaisuuden: aktiivisen passiivisuuden. Montessorileikkikouluissa ja -kouluissa lapsi päättää itse - tietyissä rajoissa - tekemisistään, joita *aikuinen ohjaa pysyen taustalla*, ollen saatavilla tarvittaessa.

Valmistellussa ympäristössä montessorivälineet ovat tarkoin harkitussa järjestyksessä. Työrauha on olennainen. Luokassa ei puhuta kovaan ääneen, ettei häiritä muita, liikutaan rauhallisesti, ei keskeytetä muiden töitä ilman lupaa.

Tarpeeksi pitkä työskentelyaika ei nykyisen pirstaloidun ja pätkittäisen päiväkotikulttuurin aikana toteudu kaikissa montessoripäiväkodeissakaan. Se on kuitenkin tärkeä keino, jolla voidaan mahdollistaa töihin keskittyminen aktiivisuuden ja huomion herpaantumisen vaihteluissa. Esimerkiksi kahden ja puolen - kolmen tunnin aikana lapsi saattaa aluksi aamulla ensimmäisenä valita jotain

29

helppoa ja tuttua tekemistä. Vähitellen vaikeusaste lisääntyy, jos vallitsee työrauha ja työskentelyyn sopiva rauhallinen ilmapiiri.

Jossain vaiheessa lapsille tulee yleensä huomion herpaantumisvaihe, mielen lepoaika, joka usein seuraa tarkkaa työtä ja keskittymistä. Se tarttuu herkästi kaikkiin lapsiin. Silloin seuraa pienimuotoista kaaosta, kinastelua, väsyneen oloista riehaantumistakin. Jos aikuinen malttaa odottaa tämän sekaannuksen hetken puuttumatta siihen liikaa, suurentelematta asioita, se menee yleensä ohi itsestään. Jonkin ajan kuluttua tästä lapset usein valitsevat työkseen jotain aikaisempaa haastavampaa, tai haluavat oppia uusia tehtäviä.

Kyky valita tehtäviä, jotka vastaavat omia kehitystarpeita on jo pitkän kehityksen tulos. Jos työskentelyaika on sujunut ilman suuria keskeytyksiä, keskittymiskyky on huipussaan jakson lopussa ja lapset ovat virkistyneitä. He saattavat myös olla haluttomia keskeyttämään toimintaansa ulkoilun tai ruokailunkaan vuoksi, jolloin heille voidaan antaa lisäaikaa.

Tiedossani ei ole montessorimenetelmän vaikutuksista tehtyjä tutkimuksia, mutta esimerkiksi vuonna 2008 tehdyssä selvityksessä, jossa vertailtiin tavallisten koulujen ja montessoriluokkien oppilaita, montessorilapset osoittautuivat sosiaalisesti hiukan kehittyneemmiksi. Tiedollisissa taidoissa ei ollut suuria eroja. (Tutkimuksesta julkaistiin artikkeli amerikkalaisessa Science-lehdessä, tarkemmin luvussa 3.7.)

Välineiden käyttö näytetään lapselle ensimmäisellä kerralla hitaasti ja puhumatta. Elävässä tilanteessa tietenkin tapahtuu kaikenlaista. Muistan esimerkiksi, kuinka kerran eräs montessoriohjaajaharjoittelija esitteli työtä niin hitaasti, että katsomassa ollut, muista syistä väsynyt lapsi nukahti.

Toisen kerran esittelyvuorossa oli tunnustelutarjotintehtävä, jossa lapsella on sokkoliina tai hän pitää silmät kiinni tunnustellessaan erikokoisia ja muotoisia siemeniä, jotka laittaa omiin kippoihinsa. Ohjaajaharjoittelija esitteli työtä sokkoliina silmillään havainnollistaakseen asian, ja kun oli valmis, huomasi lapsen poistuneen viereltään hänen huomaamattaan.

Välineiden esittelyssä toimintojen oikea järjestys on tärkeää, samoin täsmälliset, tarkoituksenmukaiset liikkeet. On olennaista, että kenkä puhdistetaan ja kiillotusaine levitetään ennen kiillotusta, ja myös että välineet laitetaan kauniisti pois käytön jälkeen, josta seuraava lapsi ne helposti löytää. Järjestyksessä oleva ympäristö on myös esteettinen.

Kasvatusta on vaikea arvioida, tutkia ja erityisen hankalaa on vertailla keskenään eri kasvatussuuntauksia. On vaikea erottaa, mikä on ympäristön vaikutusta, mikä kodin, mikä lapsen sisäistä kehitystä, totesi professori emerita Terttu Arajärvi montessoripedagogiikan 100-vuotisjuhlassa. Montessorimenetelmä on vain yksi lähestymistapa monimuotoisen kasvatuksen kentällä, ja vain yksi vaihtoehtoisten pedagogioiden joukossa. Olen kuitenkin

31

käytännössä nähnyt sen mahdollisuudet ylittää niin sanottu "pedagoginen paradoksi", eli kuilu kasvattajan vallan ja kasvatettavan omaehtoisuuden välillä. Tutkimusta ja keskustelua kasvatuksen suhteesta kansalaiseksi kasvamisen ja kasvatettavan oman kriittisen ajattelun kehittymisen välillä tarvitaan lisää.

3.4. Välineet montessorileikkikoulussa

Montessorivälineitä ja töitä on viideltä pääalueelta:

1. käytännön elämän työt (lusikointi, kaatelu, lakaisu, tuolin kanto, kiillotus, käsien pesu, pöydän pesu, astioiden pesu, vaatteiden pesu)
2. aistimateriaalit (välineitä aistien hienosäätöön ja erottelukyvyn ja luokittelun oppimiseksi, musiikin alkeet montessorikelloilla)
3. matematiikka (luvut yhdestä kymmeneen, perustiedot 10-järjestelmästä ja peruslaskutoimituksista murtolukuihin)
4. äidinkieli (äänteiden harjoittelusta ja hiekkapaperikirjaimista kieliopin erittelyyn) ja
5. kulttuurin alue (maantieto, kasvi ja eläintiede, erilaiset tieteelliset kokeilut).

Kirjat, kasetit, maalaus, piirtäminen, askartelu, ovat yhtä lailla käytössä työskentelyn aikana, ja niitä lapsi saa myös vapaan tahtonsa mukaan valita. Piireissä luetaan, lauletaan ja leikitään, liikuntatuokioissa jumpataan.

32

3.5. Mielen pimiössä muotoutuu ainutkertainen yksilö - Vastaanottavainen mieli

Maria Montessori kuvaa teoksessaan Lapsen salaisuus kaunokielisesti lapsen sopeutumista maailmaan, tapahtumaa, josta hän käyttää nimitystä inkarnaatio, uudelleensyntyminen. Sana sisältää kuitenkin enemmän kuin vain uuden syntymän. Ensimmäisinä elinvuosina lapsen mieli sisäistää itseensä kaiken ympäristöstä. Montessori käytti vastasyntyneestä nimitystä "henkinen alkio", joka tarvitsee kohdun kaltaista lempeää ja turvallista ympäristöä, ravintoa ja rakkautta, myös syntymän jälkeen kehittyäkseen täysipainoisesti. Nykyään viitataan saman asian yhteydessä usein John Bowlbyn kiintymyssuhdeteoriaan.

Lapsella ei ole syntyessään puhekieltä, hän ei heti osaa liikkua, muisti, tahto ja äly kehittyvät vähitellen. Kaikki nämä saavutetaan vastaanottavaisen mielen avulla. Se on lapsen tapa ja kyky tehdä kaikesta näkemästään, kuulemastaan ja kokemastaan osa itseään, se luova voima, joilla hän vastaanottaa ympäristön vaikutteet ja luo niiden avulla ominaispiirteensä ja persoonallisuutensa.

Vastaanottavaisen mielen avulla lapsi ottaa vastaan ympäristöstään tulevat vaikutelmat erottelematta ja valikoimatta. Koko lapsen elinympäristö vaikuttaa häneen - tuoksut, maut, musiikki, tunnelmat jäävät alitajuntaan. Myös ympäristön kieli/kielet, liikkuminen, kulttuurin ominaispiirteet, traditiot, vanhempien rakkaus, perusluottamus. Tämä tapahtuu lapsen sitä tiedostamatta ennen kolmatta ikävuotta, ja tietoisena sen jälkeen. Lapsi myös oppii helposti, ilman ponnisteluja. Tämä kaikki auttaa häntä sopeutumaan siihen ympäristöön ja paikkaan, jossa hän elää. Oppimisen helppous saa lapsen rakastamaan ensimmäistä elinympäristöään, oli se millainen tahansa. Rakkaus kotiseutuun säilyy ihmisessä läpi elämän.

Kuudenteen ikävuoteen mennessä lapsi on tullut yhteisönsä jäseneksi - ottanut vastaan sen arvot ja uskomukset, asenteet, uskonnollisen ajattelutavan, sosiaalisen käyttäytymisen, poliittisen ilmapiirin. Hänet voi tunnistaa sen maan kansalaiseksi, jossa hän on varhaislapsuutensa viettänyt ja jonka kielen ja kulttuurin sisäistänyt.

Maria Montessori vertasi vastaanottavaista mieltä kameraan, joka tallentaa sisäänsä kuvaajan valitseman kuvan ympäristöstä. Kuva kehitetään pimeässä ja ilmestyy näkyviin kopiona todellisuudesta. Samalla tavalla lapsen mieli havainnoi ja tallentaa paitsi sen, minkä aistit hänelle välittävät, myös tunnelmat ja ilmapiirit. Kaikesta tästä lapsi ottaa mieleensä omanlaisensa kopion. Yksilöllinen minuus kehittyy näkymättömissä mielen sisällä, kuten kuva pimiössä.

Vastaanottavaisen mielen automaatio laantuu vähitellen kuudennen ikävuoden jälkeen. Sen jälkeen asioita on entistä enemmän tietoisesti opeteltava ja harjoiteltava.

Niin lapsikeskeinen kuin montessoripedagogiikka onkin, se ei näe lapsen kasvua seurauksena yksinomaan sisäisestä kypsymisestä. Ympäristön merkitys on suuri, ja aikuisten tulee aktivoitua lapsen ohjaamiseen siihen suuntaan, johon hän itse osoittaa kiinnostusta ja pyrkiä oikaisemaan haitallisia kehityssuuntia.

34

3.6. Oppimisen ilo ja voima - Herkkyyskaudet

Lapsi ei ole passiivinen, vain aikuisen ohjauksesta riippuvainen olento, vaan vastaanottavaisen mielen lisäksi hänessä vaikuttavat eripituiset sisäiset vaiheet, joita Maria Montessori kutsui herkkyyskausiksi. Nimityksen Montessori oli lainannut hollantilaiselta eläintieteilijä Hugo de Vriesiltä. Tämä havaitsi hyönteisissä vaikuttavat ohimenevät kehityskaudet, jotka oikea-aikaisesti auttoivat hyönteistä kasvamaan ja kehittymään.

Herkkyyskaudet yhdessä vastaanottavaisen mielen kanssa saavat lapsen omaksumaan erilaisia taitoja helppoudella ja ilolla, joka ei toistu näiden vaiheiden jälkeen. Lapsella on kiihkeä tarve toteuttaa tiettyjä toimintoja, hän on innostunut, ja toistaa samaa asiaa väsymättömästi. Herkkyyskausissa on havaittavissa hidas alku, voimakas vaihe ja laantuminen. Ne toimivat eri intensiteetillä eri lapsissa, mutta ovat universaaleja kaikissa lapsissa kaikkialla maailmassa.

Vaikka vaiheet näyttävät ilmaantuvan ilman ulkoisia vaikutteita, se ei tarkoita, ettei ympäristötekijöillä ja kulttuurilla olisi merkitystä. kuten on moneen kertaan todettu. Aikuisen tehtävä on olla tietoinen herkkyyskausista, vastata niiden aikaisiin tarpeisiin, ja pyrkiä siihen, ettei olisi tämän sisäisen kehityksen esteenä. Mutta aikuisen ei tule päättää, mitä lapsen tulee oppia. Lapset ovat yksilöllisiä, eivätkä kaikki samassa tilanteessa kiinnitä huomiota samoihin asioihin. Lapsen oma kiinnostus ja motivaatio ovat kaiken lähtökohta. Usein kiinnostuksen heräämiseen tarvitaan paljon aikaa, eikä lapsia voi kiirehtiä. Herkkyyskausille on ominaista, että ne häviävät tietyn ajan kuluttua huolimatta siitä, onko taidot opittu tai ei.

Herkkyyskaudet ovat se välttämätön kohdistin, joka auttaa lapsen mieltä keskittymään tiettyihin asioihin niiden lukemattomien kuvien ja ärsykkeiden keskellä, joita hänelle ympäristöstä tulvii. Herkkyyskausiin perustuva näkemys lapsen kehityksessä vaikuttavista voimista on saanut vahvistusta myöhemmistä neurofysiologisista havainnoista. Nyttemmin on ymmärretty myös sosiaalisuuden merkitys herkkyyskausissa (ks. luku 3.2.).

3.6.1. Tavarat, ihmiset ja rutiinit paikoillaan - Järjestyksen herkkyyskausi

Yksi tärkeimpiä herkkyyskausia, jotka Maria Montessori lapsissa havaitsi, on jo ensimmäisen elinvuoden aikana ilmaantuva järjestyksen herkkyys. Järjestys ilmenee ihmisessä myös niin sanottuna 'tendenssinä'(ks. luku 3.11.) koko elämän ajan. Ihmiset ja erityisesti lapset tarvitsevat järjestystä tiedon hallinnassa ja syy- ja seuraussuhteiden selvittämisessä. Muiden muassa tieteet, matematiikka, äidinkieli, historia hyötyvät ihmisen taipumuksesta laittaa asiat järjestykseen.

Tavaroiden ulkoinen järjestys edistää loogisuuden kykyä ja turvallisuuden tunnetta, ja auttaa lapsen sisäisen järjestyksen

36

syntymistä. Varsinkin nykyisessä virikkeiden ylitarjonnan, kiireen ja melun maailmassa järjestys rauhoittaa. Pieni lapsi kaipaa myös säännöllistä päivärytmiä.

Järjestyksen herkkyyskausi on ohi varhaislapsuuden jälkeen. Sitä tulee kunnioittaa ja luoda sille edellytykset. Joskus järjestyksen herkkyyttä voi olla vaikea huomata ympäristössä, jossa on enimmäkseen suuria, aikuisille tarkoitettuja tavaroita. Mutta niidenkin siirtely voi aiheuttaa herkälle lapselle mielipahaa ja mielen epäjärjestystä. Lapsi tottuu tiettyyn järjestykseen ja saattaa olla ihmeissään ja hämmentynyt, jos tavaroiden paikkoja muutetaan, erityisesti ilman, että hänelle kerrotaan siitä. Usein aikuiset eivät käsitä, miksi lapsi kiukuttelee ilman näkyvää syytä. Yksivuotias ei vielä osaa itse sanoa mikä häntä häiritsee, ja aikuisenkin on tutkittava tarkkaan lasta ja ympäristössä tapahtuneita muutoksia huomatakseen, mistä itkunpuuska ehkä johtuu. Herkkyyden ollessa vahvimmillaan järjestyksen tarve on niin suuri, että sen puute voi aiheuttaa lapsessa levottomuutta, ja sen luominen suurta iloa.

Kaksivuotias osaa jo itse viedä tavarat takaisin oikeille paikoilleen. Tämän ikäinen huomaa pienetkin epäjärjestyksen merkit, joihin aikuinen ei suurpiirteisyydessään tai kiireessään tule kiinnittäneeksi huomiota. Montessorileikkikouluissa tavarat palautetaan aina käytön jälkeen omalle paikalleen, minkä lapset tekevät mielellään, ja oppivat järjestyksen helposti.

Usein leikkikoulussa näkee myös lasten vievän harhateille joutuneita pieniä esineitä takaisin niihin töihin, joihin ne kuuluvat. Pieninkään puuhelmi tai palapelin osa ei jää heiltä huomaamatta, ja aina he muistavat täsmälleen mihin työhön tai askarteluun ne kuuluvat. On hyvä, jos myös kotona voidaan järjestää lapsen tavarat ja vaatteet tarkasti omille paikoilleen.

Kaksi järjestystä

Montessori havaitsi lapsissa kaksi erilaista järjestyksen herkkyyttä: sisäisen ja ulkoisen. Ulkoinen järjestyksen tarve kohdistuu esineiden ja ympäristön välisiin suhteisiin, sisäinen tietoisuus liikkeistä ja ruumiinosista luo niin sanotun lihasmuistin.

Ihan pieni lapsi voi reagoida esimerkiksi vieraan henkilön tapaan nostaa tai pidellä häntä. Tämän voi havaita esimerkiksi lapsen reaktiosta, kiukusta tai muusta hämäännyksestä silloin, kun olosuhteet estävät häntä toteuttamasta sisäistä järjestystään.

Järjestyksen tarve ei liity pelkästään tavaroihin ja niiden välisiin suhteisiin tai kehon liikkeisiin, vaan koskee myös muita toimintoja. Aikuisen tulee olla johdonmukainen lapsen kanssa. Rutiinit ja samanlainen päivärytmi, josta ei liian usein poiketa, auttavat lasta ymmärtämään ihmisten ja asioiden välisiä suhteita ja yhteyksiä. Järjestys luo turvallisuutta, ja uusien asioiden oppiminenkin on helpompaa. Myös aikakäsitys selkiytyy rutiinien avulla.

38

3.6.2. Liike liittää lapsen maailmaan - liikkeen herkkyyskausi

Lapsi liikkuu jo kohdussa ja ensimmäisen elinvuotensa aikana, mutta kävelee vasta noin vuoden iässä. Motorisen koordinaation herkkyyskauden Montessori näki kestävän yhdestä neljänteen ikävuoteen.

Montessori piti liikettä ja liikkumista hyvin tärkeänä oppimisen kannalta, ja kirjoittaa liikkeen ja liikkumisen filosofiasta kokonaisen luvun kirjassaan The Absorbent Mind. Kaikki itseilmaisu sisältää liikettä, puhuessammekin käytämme suun ja nielun lihaksia, kasvojen ilmeitä, käsiä ja koko kehoa. Käsi on älyn instrumentti, ja aivot, aistit, lihakset ja keskushermosto yhdessä liittävät ihmisen maailmaan. Maria Montessorin aikana liikunnan osuus oli vähäinen kouluissa, ja hän oli sitä mieltä, että erilliset liikuntatunnit eivät ottaneet huomioon liikkumisen yhteyttä kehittyvään mieleen.

Montessorimenetelmässä liikkeen koordinaatio sisältyy moniin töihin, joissa loogisen liikesarjan oikein suorittaminen on tärkeää. Kaikkien töiden sijoittelussa tilaan huomioidaan liikkumisen helppous. Karkea- ja hienomotoriikka kehittyvät liikkumismahdollisuuksien ja harjoitusten myötä. Liikkumaan oppiminen ja liikkeiden koordinaatio edesauttavat itsenäistymistä ja sosiaalisuutta, ja lisäävät itsevarmuutta.

Kaksi-kolme -vuotias lapsi jaksaa kävellä pitkiäkin matkoja, jos hänelle annetaan aikaa. Lasta tulee rohkaista liikkumiseen.

39

Seuraava kaavio lapsen liikkumisen kehityksestä on montessoripedagogiikkakoulutuksen luennoilta. Siihen tulee suhtautua vain suuntaa-antavana, kuten tarkkoihin ikämäärityksiin liittyviin kehitysvalmiuksiin yleensäkin.

LAPSEN LIIKKUMISEN KEHITYS

Liikkuminen ja tasapaino

0-1/2 v Aivojen intensiivinen kehitys

2-3 kk Kannattaa päätä, maatessaan pystyy nostamaan päätä ja hartioita, mahdollisesti alkaa kieriä

1/2 - 1 v Pikkuaivojen nopea kehitys

Tasapainon kehittymisen 4 vaihetta

1) 1/2 v istuu tuettuna

7 - kk istuu itse

2) 9 - kk nousee tukea vasten ylös, ryömii, kävelee tuettuna varpaillaan

3) 1 v kävelee tuettuna koko jalalla

4) 1 v 3 kk kävelee itse

1,5 v maksimiponnistelut, kävelee ja kantaa raskaita tavaroita, kiipeilee, kävelee portaita, haluaa haasteita

2 v liikkumisen harjoittelu: juoksee ja kantaa tavaroita varmasti

2 v 4 kk kävelee pitkiäkin matkoja

KÄSI KEHITTYY

3 kk tartuntarefleksi

4-5 kk tarttuminen kehittyy, tutkii kättään

1/2 v tarttuu esineeseen

8 kk tarttuu päämäärätietoisesti, valitsee

10 kk toistaa usein saman liikkeen, valitsee toiveensa mukaisesti esineitä

1v 3 kk suuntaa kohti toimintaa

1,5 kk voima: nostaa painavia esineitä, käyttää käsiä kiipeilyyn, etsii mahdollisuutta maksimaaliseen voimankäyttöön

1v 9 kk käsien yhteistyö kehittynyt kokemuksen kautta, itsenäistymistä tukevia harjoituksia, nostaa tavaroita tavoitteellisesti, siivoaa, pyyhkii pölyjä, kattaa.

2 v tiskaa, kiipeillessä pitää lujasti kiinni

AUTA MINUA TEKEMÄÄN ITSE

1,5 - 2,5 osallistuu yhteisön yhteisiin tekemisiin

3.6.3. Tuhannen äänteen kautta kielen oppimisen ihmeeseen - Kielen kehityksen herkkyyskausi

Vastaanottavaisen, absorvoivan mielen voima näkyy ehkä kaikkein selvimmin kielen omaksumisessa. Kielen kehityksen herkkyyskausi kestää syntymästä aina noin kuudenteen ikävuoteen, ja se on yksi voimakkaimmista ja pisimmistä herkkyyskausista, jotka Montessori havaitsi. Oman kokemukseni mukaan se voi jatkua vielä senkin yli. Myös kielellinen lahjakkuus vaikuttaa. Lapsena opittu kielitaito ei helposti häviä, jos kieltä kuulee ja käyttää. Montessorin mukaan kielellinen herkkyys alkaa jo paljon ennen kuin lapsi osaa puhua, mutta nykytietämyksen valossa kuuloaistin kehittyminen raskauden loppuvaiheessa, äidin äänen ja lähiympäristön ihmisten puheen, rytmin, intonaation kuuleminen herkistää sikiön tiettyyn kieleen jo ennen syntymää. Syntyessään lapsella on kuitenkin potentiaali oppia mikä tahansa maailman kielistä, tai useampia, riippuen siitä miten hän pääsee eri kielten vaikutuspiiriin.

Kieli omaksutaan 0-2,5 vuoden iässä. Jo kohdussa äidinkieli on tullut tutuksi. Noin neljän kuukauden ikäinen lapsi seuraa katseellaan puhujan suuta, ja tunnistaa äitinsä äänen. Pari kuukautta myöhemmin lapsi jokeltaa ensimmäiset äänteet, kaikkien kielten äänteitä. Oman äidinkielen äänteet tulevat vallitseviksi vasta noin 10 kuukauden ikäisenä. Yhden vuoden iässä lapsi alkaa ymmärtää että asioilla on nimet, ja sanoo ensimmäiset tarkoitukselliset sanansa.

Kielentaju ja omaksuminen kehittyvät edelleen, ja noin kahden ja puolen vuoden iässä seuraa suorastaan räjähdyksenomainen sanavaraston laajennus. Puolta vuotta myöhemmin lapsi on oppinut kielen rakenteen.

Kielen täydellinen omaksuminen ilman että kukaan lasta opettaa on ihme, johon Montessorin mielestä ei kiinnitetty tarpeeksi huomiota ja hänestä kielen oppimisen vaiheita, kuten "yhden sanan lauseita" tai lapsen omaa, tiivistettyä ja merkityksellistä kieltä, kuten "hau " (koira), "pulin" (puhelin), "mai" (maito) tai "paa" (lamppu) olisi pitänyt tutkia tarkemmin. (Esimerkit omilta lapsiltani.)

Kolmen vuoden jälkeen sanasto kasvaa vaivatta ja vauhdilla. Neljän vuoden molemmin puolin lapsi alkaa kiinnostua kirjaimista ja kirjoittamisesta, ja vähitellen seuraavan vuoden aikana lukemisesta. Kielen omaksuminen ja käyttäminen on yhteistä kaikille ihmisille.

Esi-kielellinen vaihe

Kielen kehittymisen esi-kielellinen vaihe -0-12 kk ikäisenä ei näy lapsessa päälle päin, vaan tapahtuu hiljaisessa vastaanottavaisessa mielessä. Sen ansiosta lapsi tunnistaa esimerkiksi äitinsä äänen heti kohta synnyttyään ja kääntyy sitä kohti. Lapset ovat yleensä myös kiinnostuneempia ihmisäänistä kuin muista kuulemistaan äänistä. Aivojen kielikeskus aktivoituu, kun lapsi kuulee puhetta lähietäisyydellä.

Jo ensimmäisten kuukausien itkuissa on eroja eri tilanteissa, ja kolmen - neljän kuukauden iässä ilmaisuun tulee mukaan selkeitä vokaaleja, jotka lapsi iloissaan melkein laulaa ilmoille. Viiden-kuuden kuukauden iässä konsonantit tulevat selkeämmiksi, ja esimerkiksi ma-ma tuottaa vanhemmissa voimakkaan myönteisen reaktion, joka puolestaan vahvistaa lapsen ilmaisua. (Montanaro 1991.) Tässä iässä lapsi alkaa omaksi ilokseen äännellä heti herättyään ja jatkaa harjoituksiaan keskittyneesti ja innoissaan, mitä on aikuisen lumoavaa kuunnella.

Kielellinen vaihe

Kielellinen vaihe 12-36 kk ikäisenä voidaan jakaa kahteen vaiheeseen. Ensimmäisessä vaiheessa lapset käyttävät samaa sanaa monissa eri tilanteissa, tai eri sanoja samassa tilanteessa, kun haluavat kiinnittää huomiota tiettyyn asiaan.

Kahden sanan lauseissa ensimmäinen sana on subjekti ja toinen kuvaa koko tilannetta, johon lapsi haluaa kiinnittää huomion. Seuraavaksi lauseet ovat kolmisanaisia. Lapsilla on suorastaan uusien sanojen nälkä, ja he kyselevät jatkuvasti asioiden ja esineiden nimiä. Toisessa vaiheessa (20–36 kk) lapset oppivat kiinnittämään huomiota puheen eri osiin. Pronominin "minä" ilmestyminen noin 32–36 kk iässä on suuri askel, todellinen yksilön, persoonan syntyhetki.

Lapsen puheen kehitystä on mahdollista edistää eri tavoin, mutta sen kehittymiseen tarvitaan aivot ja puhe-elimet (suu, huulet, kieli, äänihuulet, kurkunpää, hermosolut, keuhkot) sekä halua ja motivaatiota. Hyvä kuulo on tärkeää, ja sen häiriöt on syytä tutkia mahdollisimman varhaisessa vaiheessa. Kuulon avulla lapsi ensin omaksuu kielen mieleensä ja siinä on aikuisella mahdollisuus vaikuttaa puhumalla mahdollisimman selkeästi ja hyvää kieltä lapselle.

3.6.4. Ovia todellisuuteen - Aistitoimintojen hienosäätö

Kaikki tieto tulee meille aistien välityksellä, ja mitä tarkemmin ne toimivat, sitä rikkaampaa elämä on. Aistien tarkentumisen herkkyyskausi kestää syntymästä viidenteen ikävuoteen. Tänä aikana tärkeää ovat erilaisiin pintoihin ja muotoihin, väreihin, ääniin, koostumuksiin, makuihin ja hajuihin tutustuminen. Menetelmässä pyritään antamaan lapsille mahdollisuus kehittää kaikkia aistejaan.

Montessori-aistivälineissä vaikutelmat on rajattu yhteen aistiin kerrallaan, toisin kuin todellisuudessa. Eristetyt materiaalit auttavat lasta järjestämään havaintojaan ja vaikutelmiaan, ja keskittymään niihin yksi kerrallaan. Materiaalissa vertaillaan ja etsitään yhdenmukaisuuksia. Kaikki nämä kehittävät lapsen aisteja ja kasvattavat häntä yhä tarkempaan huomio- ja erottelukykyyn. Se puolestaan luo perustaa päättely- ja ajattelukyvylle.

3.6.5. Pysähdys muurahaisen kohdalla - Kiinnostus pieniin esineisiin ja yksityiskohtiin

Tämä herkkyyskausi, joka kestää noin vuoden iästä kahden ja puolen vuoden ikään, on vanhempien helppo havaita. Lapsi on loputtoman kiinnostunut pienistä esineistä, yksityiskohdista, ötököistä, hyönteisistä. Tämä kausi on yhteydessä järjestyksen herkkyyskauteen ja auttaa lasta tulemaan tietoiseksi ympäristön yksityiskohdista. On tärkeää, että lapsen ympäristössä on pieniä, kauniita esineitä, ja hänelle osoitetaan asioita kirjoista ja luonnosta.

Aikuisen on hyvä antaa lapsen rauhassa ja omassa tahdissaan tarkkailla asioita ja häntä kiinnostavia yksityiskohtia. Alla esimerkki lapsen toiveesta.

Joonas, 3 v, Kew Gardensin puutarhassa.

Äiti: - Tule nyt jo!

Joonas: - Minä katton entin vähän tätä pulua.

Kotona kerran samaan hoputukseen: - Minä luen nyt tätä kijjaa.

46

3.6.6. Sosiaalistumisen herkkyyskausi (2,5 - 6v)

Pienen lapsen ensimmäinen sosiaalinen ympäristö on koti ja
vanhemmat. Aivan ensimmäinen vuorovaikutustilanne, kaiken alku, on
vastasyntyneen ja äidin kontakti, ihokosketus, imetyshetket. Elämän
alusta asti lapsi voidaan kohdata ja häntä voidaan hoivata, pukea,
vaihtaa vaippoja, pestä, syöttää "yhdessä hänen kanssaan", sen sijaan,
että lapsi olisi vain hoidon kohde. Yhdessä tekemisessä lapselle
puhutaan, häntä katsotaan ja hänen kanssaan ollaan läsnä. Myös isän ja
muiden läheisten antama hoito ja yhdessäolo lapsen ensimmäisinä
kuukausina ja vuosina antaa pohjan toisten ihmisten läheisyyden
merkitykselle. Taito ja kyky vuorovaikutukseen alkavat näistä
ensimmäisistä ihmissuhteista.

Kolmevuotias haluaa jo luoda uusia kontakteja muihin
lapsiin, olla ryhmässä ja osa omaa yhteisöään. Leikkikouluympäristö
mahdollistaa vertaisryhmän, jossa lapsi oppii odottamaan vuoroaan ja
jakamaan asioita oman kehitysvaiheensa mukaisesti. Sopeutuminen
yhteisiin sääntöihin ja toisten ihmisten huomioimiseen on tärkeä
sosiaalistumisen alku. Puhumaan oppiminen ja kielellinen kehitys
vahvistavat sosiaalista kykyä ja vapauttavat lasta. Lapsen kannalta on
hyvä, että päiväkotiryhmässä pysyvät mahdollisimman paljon samat
ihmiset, ja että säännöt pysyvät suunnilleen samoina.

Montessoriympäristössä lapset oppivat olemaan
kohteliaita, kunnioittamaan toisten lasten työrauhaa, korjaamaan työnsä

47

jäljet ja palauttamaan tavarat takaisin paikoilleen. Kun ympäristö on hyvin suunniteltu ja valmisteltu, näiden asioiden oppiminen ja toteuttaminen on helpompaa. Tässä tulee esiin valmistellun ympäristön nerokkuus. Kutakin montessorivälinettä on hyllyllä vain yksi kappale. Jos useampi lapsi haluaa tehdä samaa työtä, he joutuvat odottamaan omaa vuoroaan tai valitsemaan jotain muuta. Se opettaa kärsivällisyyttä ja toisten työrauhan kunnioittamista. Ketään lasta ei saa keskeyttää tai häiritä. Jokainen myös palauttaa loppuun tehdyn työn takaisin omalle paikalleen ennen kuin uusi lapsi voi siihen tarttua.

Sosiaalistumisen herkkyyskauden aikana hyvät tavat ovat tärkeitä, lapsi oppii kohteliaisuussäännöt helposti ja toteuttaa niitä mielellään. Hyviin tapoihin montessoripedagogiikassa kuuluvat muiden muassa kädestä tervehtiminen aamulla leikkikouluun tullessa ja lähtiessä silmiin katsoen, uusien ihmisten esittely, pyyntö toisen ohittamiseen, tehtävän tai leikin katsomiseen tai osallistumiseen muiden toimintaan, kiittäminen, kohtelias antaminen ja ottaminen, kauniit pöytätavat.

Taitojen harjoittelu on monipuolista eri-ikäisten ryhmässä, jossa eri vuosina jokainen saa olla sekä isompi että pienempi. Se edesauttaa myös erilaisuuden hyväksymistä. Leikkikoulussa on hauska seurata, kuinka lapset, jotka ovat jo sisäistäneet säännöt, ojentavat niitä lapsia, jotka unohtavat toimia oikein. Monesti toisten lasten huomautukset riittävät palauttamaan muistamattomat lapset ruotuun, eikä aikuisen väliintuloa tarvita lainkaan. Yhteistyö toimii niin montessoritehtävissä kuin vapaassa leikissä. On hyvin tavallista, että isommat lapset oma-aloitteisesti auttavat pienempiä, tai jopa opettajan tavoin näyttävät heille miten jokin tehtävä helpoimmin tulee tehdyksi. Pienemmät ovat hyvin vastaanottavaisia ja kiitollisia tällaiselle vertaisryhmästä tulevalle avulle.

Havainnoimaan tulleille opiskelijoille ja vanhemmille on usein yllätys, miten vähän keskinäisiä kahnauksia ja ristiriitoja montessoriympäristössä oleskelevilla lapsilla on. Sitä edesauttaa taustalla oleva aikuinen, joka puuttuu tilanteisiin tarvittaessa.

3.7. Sosiaalisuus

Winconsin yliopiston psykologian professori Angeline Lillard ja tutkija Nicole Else-Quest vertailivat Milwaukeen esikaupunkialueen valtion montessorikoulun oppilaiden oppimistuloksia tavallisten koulujen oppilaiden tuloksiin. Tutkimus osoitti, että "oikeaoppisesti montessorimenetelmää toteuttamalla saadaan oppilaissa aikaan yhtä hyviä tai parempia oppimistuloksia ja sosiaalisia taitoja kuin seuraamalla perinteisiä opetusmenetelmiä."

Lasten oppimistuloksia arvioitiin kahden montessorimenetelmää eniten käyttävän oppimisjakson jälkeen: esikoulun (3-6-vuotiaat) ja ala-asteen (6-12-vuotiaat). He menestyivät tutkimuksen mukaan selvästi paremmin kummassakin ikäryhmässä. Kun vertailtiin montessoriluokkien ja tavallisten koulujen 5-vuotiaita, montessorilasten kouluvalmiudet äidinkielessä ja matematiikassa olivat paremmat kuin tavallisten koulujen oppilailla. Montessorilapset olivat valmiimpia kohtaamaan muutoksia sekä sellaisia ongelmia, joihin ei voinut edeltä käsin valmistautua.

Montessorilapset selvisivät niin ikään paremmin sosiaalisuutta ja käytöstapoja mittaavissa testeissä. Montessorilapset suosivat myös sopuisia leikkejä todennäköisemmin kuin rajuja, ja reagoivat todennäköisemmin rakentavasti epämiellyttävissä sosiaalisissa tilanteissa, kuten jonkun etuillessa, kuin tavallisten koulujen lapset. (Osa yhdessä montessoriohjaaja, FM Marjut Lahdensuon kanssa toimittamastani Lastentarha-lehdessä 2/2007 julkaistusta artikkelista.)

Joka päivä toistuvan, systemaattisen välineiden ja toisten lasten työn loppuun saattamisen odottaminen muuttaa ja opettaa lasta kärsivällisyyteen, ja juuri se on sosiaalisen yhteiselämän alku. Kärsivällisyys versoo lapsessa spontaanisti. Yhteiskunta ei toimi ihmisten henkilökohtaisten toiveiden mukaan, vaan lukuisien eri toimintojen harmonisena yhdistelmänä. Tämänkaltaisen moraalin opetus ei mene helposti perille kolmevuotiaalle, mutta kokemus opettaa. (Montessori 1949, 223.). Tietenkin lapset kokevat edelleen turhautumista, ja näyttävätkin sen, mutta montessoriympäristössä he tietävät miten tulee toimia, eivätkä taistele välineistä ja tavaroista.

Lapsissa on tiedostamaton yhteenkuuluvuuden tunne, joka pian kuudennen ikävuoden jälkeen muuttuu tietoiseksi. Silloin he ovat kiinnostuneita laeista ja tavoista ja etsivät vastuullista henkilöä, joka hallitsee yhteisöä. Ne tietenkin edistävät yhteisyyttä. Pienemmät lapset tuntevat myös vetoa vanhempiin lapsiin ja järjestäytyvät mielellään heidän johdettavikseen. Hylätyt ja unohdetut lapset järjestäytyvät usein ryhmiksi kapinoidakseen aikuisten valtaa ja sääntöjä vastaan. Tämä luonnollinen ryhmäytyminen saa sublimoidun muodon esimerkiksi partioliikkeessä. (Mt., 234 - 235.)

Sosiaalisen elämän kiehtovuus on siinä, miten erilaisia ihmisiä me kohtaamme. Montessorin mielestä samanikäisten erottaminen omaksi ryhmäkseen, oli se sitten vanhusten taloissa tai muualla, oli keinotekoista, ei elämä ole sellaista. Eri ikäkausia edustavat lapset toimivat montessorikouluissa yhdessä, ja auttavat toisiaan. Viisivuotias lapsi ymmärtää samanikäistä ja nuorempaansa paremmin kuin aikuinen ja lapsi toisiaan.

Montessori havaitsi myös erään kiintoisan seikan. Lapset eivät auttaneet toisiaan samalla tavalla kuin aikuinen lasta. Kun joku lapsista näyttää esimerkiksi kantavan jotain liian raskasta, toiset eivät heti riennä hänen avukseen, vaan vasta kun se on välttämätöntä. Täten he näyttävät intuitiivisesti kunnioittavan lapsuuden olennaista tarvetta, sitä, että heille ei tarjota tarpeetonta apua. Aikuiset auttavat lasta ja toisiaan usein täysin tarpeettomasti, jolloin avusta voi tulla este omalle oppimiselle ja ongelman ratkaisukyvylle. Lapset muistavat hänen mukaansa oman varhaisen kehityksensä, jolloin pyrkivät aina maksimaaliseen ponnistukseen (seisomaan, kävelemään jne opetellessaan), eivätkä siksi riennä välittömästi tarjoamaan apuaan toisille lapsille. (Mt., 225, 228 - 229.)

Pienissä kyläkouluissa, jos niitä jossain on vielä jäljellä, saattaa olla vielä yhdysluokkia, joissa tekeminen määrittyy lapsen kehitystason, ei aina pelkän luokkatason mukaan. Järjestelmällä on yhtäläisyyksiä montessoripedagogiikan kanssa, sillä yhdysluokassa lapsi voi harjoitella sosiaalisia taitojaan monipuolisesti. Jokainen saa esimerkiksi vuorollaan kuulua vanhimpien ryhmään.

Ryhmädynamiikka muuttuu myös joka vuosi ryhmän koostumuksen muuttuessa. Tutkiva opettaja -sarjassa julkaistun pieniä kyläkouluja tarkastelevan Kohti ilon pedagogiikkaa -kirjan mukaan eri-ikäisten toimintaa leimaavat yhteistyö ja hienotunteisuus. Myös aivotutkimus on todentanut eri-ikäisten oppivan yhdessä.

3.8. Matemaattinen mieli

Maria Montessori oli hyvin kiinnostunut matematiikasta ja ajatteli sitä yhtenä yhteisenä kielenä, jolla voi kommunikoida eri puolilla maailmaa. Montessori uskoi, että kaikilla ihmisillä on matemaattinen mieli, joka ei sisällä vain matemaattisia tosiasioita ja laskutoimituksia, vaan joka liittyy muotoon, tilaan, toistuviin malleihin, symboleihin ja niiden välisiin suhteisiin. Tieteelle ja teknologialle se on elintärkeää, mutta myös kulttuuri, taide, musiikki sisältää matematiikkaa. Lapsen matemaattinen kehitys kulkee konkreettisesta symbolisen kautta abstraktiin.

Montessorivälineet – muut kuin matematiikkaan liittyvät – valmentavat matemaattisiin harjoituksiin. *Käytännön elämän töissä*

52

opittava keskittyminen ja koordinaatiokyky on välttämätöntä myös matematiikassa, samoin järjestys. *Taitteluliinat* valmistavat geometriaan. *Aistimateriaaleissa* matematiikkaan viittaa säännöllinen aste-ero, 10 osaa. Niistä saadaan myös konkreettinen kokemus leveydestä, pituudesta, korkeudesta, esimerkiksi *vaaleanpunaisessa tornissa* tai *ruskeissa portaissa.* Myös *kielimateriaalin kielioppitehtävät* ovat loogisia, kuten matematiikka.

Syntymästä kolmanteen ikävuoteen

Toistuvien mallien oppiminen alkaa jo kohdussa: yön ja päivän vaihtelu, aktiivisuus ja passiivisuus, äidin ja muun perheen liikkeiden toistuminen. Kehittyvä lapsi kuulee kohtuun myös puheen ja musiikin kaavat. Musiikin on ajateltu kehittävän matemaattista mieltä, koska musiikin ja matematiikan oppimisessa aivojen hermoradat ovat hyvin samanlaiset.

Montessori huomasi, että ihmislapset pitävät järjestyksestä. Syntymän jälkeen, johdonmukaisuus rutiineissa, syömisessä, nukkumaanmenossa, pesemisessä ja leikkimisessä auttavat lasta kehittämään varhaisen käsityksen järjestyksestä ja peräkkäin toistuvista sarjoista. Lapset oppivat ajattelemaan loogisesti ja tietävät mitä odottaa seuraavaksi. Poikkeamat odotetusta järjestyksestä voivat aiheuttaa hämmennystä ja kiihtymystä.

Varhainen taipumus matemaattiseen ajatteluun saa lapsen helposti havainnoimaan toisia, vertailemaan, huomaamaan vastakohtia ja

53

luokittelemaan esineitä ja asioita. Johdonmukaisuus auttaa häntä suunnistamaan ympäristössä. Selkeän, tarkan kielen käyttäminen lapsen kanssa kehittää myös matemaattista mieltä. Hänen ympärillään käytetään myös alusta asti erilaisia matemaattisia käsitteitä kuvaamaan määriä: pieni, suuri, lyhyt, pitkä, paljon, vähän.

Matematiikka: esikouluikä

Montessorileikkikoulun esikouluikäiset ovat harjoitelleet 2-3 - vuotiaasta asti matemaattisia käsitteitä ja numeroita epäsuorasti käytännön elämän töiden ja aistimateriaalien välineiden avulla. Niissä lapsi erottelee, tunnistaa samanlaisuuksia ja eroavaisuuksia, rakentaa, vertailee erilaisia mallisarjoja, löytää suhteita ja oppii käsitteitä ja terminologiaa. Monet aistivälineet perustuvat 10-järjestelmälle, mikä auttaa visualisoimaan desimaalijärjestelmää. Konkreettisten muotojen avulla esikouluikäiset oppivat yhteen- ja kertolaskua, muodostamaan suuria lukuja ja vähentämään ja jakamaan pienempiä lukuja.

Montessoriympäristössä on myös runsaasti välineitä, jotka johdattavat matemaattiseen ajatteluun, kuten hiekkapaperinumerot, Pythagoraan neliö, binomi tai trinomi. Lapset pitävät näillä leikkimisestä ja oppivat huomaamattaan

3.9. Kehityskaudet

Montessorin kehityskaudet jaetaan neljään ikävuosien mukaan: 0-6 ikävuotta, 6-12 vuotta, 12-18 vuotta, 18-24 vuotta. Jokainen näistä kausista jaetaan kolmen vuoden jaksoihin, joista ensimmäiset kolme ovat muutosten ja uusien taitojen oppimisen aikaa ja loppuvaiheen kolme vuotta tasaisempaa vaihetta, hienosäätöä.

Kehityskaudet eroavat selvästi toisistaan. Niiden aikana lapsen käytös ja tarpeet muuttuvat. Jokainen edellinen kausi vaikuttaa siihen, miten harmonisesti seuraava kausi etenee. Ensimmäisen ja kolmannen kehityskauden aikana tapahtuvat suurimmat muutokset. Toinen ja neljäs ovat vakaampia. Tässä esittelen esimerkkinä ensimmäisen kehityskauden, kiinnostuneet löytävät lisätietoa alan kirjallisuudesta (ks. Lähteet ja kirjallisuus).

3.9.1. Esimerkkinä ensimmäinen kehityskausi 0-6 v

Nollasta kolmeen vuoteen

Ensimmäistä kehityskautta kuvastaa erityisesti fyysinen itsenäistyminen, monet fyysiset muutokset ja sairastelut. Fyysisen kehityksen rinnalla kulkee emotionaalinen kehitys. Lapselle pitäisi suoda paljon itsenäisyyttä ja liikkumismahdollisuuksia, mikä tarkoittaa, että mahdollisimman monet itsenäisen liikkumisen esteet tulisi poistaa. Kun lapsi pystyy liikkumaan vapaasti, hän kokee onnistumista ja tuntee, että häneen luotetaan. Hyvin suunnitellulla ympäristöllä luodaan työrauha, joka auttaa lasta keskittymään. Tämän ikäinen oppii vastaanottavaisen mielen avulla vielä tiedostamatta, muisti kehittyy. Lapsi käyttää paljon toistoa ja kättään älyn ja tutkimisen välineenä. Sosiaalisen kehityksen kannalta suhde perheenjäseniin on hyvin tärkeä. Taito ja kyky vuorovaikutukseen saa alkunsa näistä ensimmäisistä ihmissuhteista.

Lapsella on myös sosiaalisen järjestyksen tarve, ja päiväkodissa olisi hyvä, että hoitajat pysyvät samoina, samoin säännöt. Kolmivuotias haluaa jo olla ryhmässä ja osa yhteisöä, ja luoda kontakteja. Hän ottaa mielellään vastaan esimerkiksi hyvien tapojen harjoituksia.

3 - 6 vuotta

Fyysinen kehitys vahvistuu; hienomotoriikka, liikkeen kontrolli ja koordinaatio kehittyvät. Tässä iässä lapsi tulee tietoiseksi ympäristöstä. Se on aika, jota Montessori kutsui tietoiseksi vastaanottavaiseksi mieleksi. Kolmannen ikävuoden jälkeen ympäristö ja ystäväpiiri laajenevat. Kielellinen kehitys vahvistaa sosiaalista kykyä, oma tahto kehittyy edelleen. Kohteliaisuussäännöt lapsi oppii helposti ja toteuttaa niitä mielellään.

Ensimmäisen kehityskauden aikana lapsi suhtautuu ihmisiin yleensä avoimesti, mutta oman temperamenttinsa mukaisesti. Hän tarvitsee myös paljon rakkautta ja tunteen, että hänestä välitetään ja

56

huolehditaan. Myös oikeudenmukaisuus on tärkeää. Esimerkiksi, se, että aikuinen pitää lupauksensa, ja kohtelee lapsia johdonmukaisesti. Montessoripedagogiikkaa voi hyvin toteuttaa myös kotikasvatuksessa. Sen pääperiaatteet: lapsen kunnioitus, ajan antaminen lapsen omille yrityksille periaatteen "auta minua tekemään itse" mukaisesti, lapsen vapaan liikkumisen mahdollistaminen kotona, sisustuksen selkeys ja turhien esteiden poistaminen auttaa jo siinä, ettei lasta tarvitse koko ajan kieltää. Montessorivälineitäkin on mahdollista hankkia alan toimittajilta, joskin ne ovat suhteellisen kalliita. Samanlaisia voi tehdä myös itse.

3.10. Valmisteltu ympäristö

Montessoripedagogiikassa valmistellulla oppimisympäristöllä on suuri merkitys. Didaktinen montessorivälineistö on osa valmisteltua ympäristöä, ja suunniteltu vastaamaan lapsen kehitystä: herkkyyskausia, absorboivaa mieltä ja tendenssejä. Välineistö esiteltiin pääpiirteissäänluvussa 3.4.

Mario M. Montessori Jr. (1992, 20) kirjoittaa, että välineistöllä on kaksi suurta merkitystä: ne auttavat lapsen sisäistä kehitystä sekä edistävät uusien näkökulmien avautumista lapsen tutkiessa maailmaa. Niiden ainoana tarkoituksena ei siis ole lapsen opettaminen *käyttämään tiettyä välinettä*. (Almusa, 2008, 44, kursiivi kirjoittajan lisäys.) Ohjaaja ei pyri vain lapsen tiedolliseen opettamiseen, vaan lapsen ohjaamiseen niiden asioiden pariin ja parissa, joista tämä on kiinnostunut.

Montessoriluokkien valmistellussa ympäristössä huonekalut, pöydät, tuolit ja hyllyt on sijoitettu niin, että niiden välissä on lapsen helppo liikkua ja työskennellä rauhassa omilla työskentelymatoillaan. Ylimääräisten esteiden poistaminen edistää itsenäisyyttä. Rauhallinen ilmapiiri ja hiljaisuus mahdollistavat työhön keskittymisen.

Montessorivälineet ovat hyllyillä suunnitellussa järjestyksessä niin matalalla, että lapsi itse ylettyy niihin. Jokaista työtä on esillä vain yksi kappale. Järjestykseen kuuluu, että työ tehdään aina loppuun asti.

Montessoriympäristössä vaalitaan kauneutta eri tavoin. Jos mahdollista, eläviä kasveja ja tuoreita kukkia on aina luokassa. Kukat ovat myös kukkien asetteluhtehtävää varten. Harmoniaa edistetään väreillä ja siisteydellä ja tavallisella puheäänellä. Esineistä, jotka on valittu huolella, jotka on valmistettu kestävästä materiaalista ja ovat kaunista käsityötä, pidetään hyvää huolta. Niitä käsitellään varoen, pölyt pyyhitään säännöllisesti. Parhaimmillaan montessoriympäristöön kuuluu pieni piha, jossa puita ja kasveja, ja ehkä lasten oma kasvimaa. Luontosuhdetta vaalitaan monin tavoin.

Valmisteltuun ympäristöön kuuluu myös ohjaajan henkinen valmistautuminen: omien vahvuuksien ja heikkouksien tunnistaminen, kärsivällisyyden kasvattaminen, rakkaus ja kunnioitus lasta kohtaan. Ohjaajan tulee tuntea teoria ja hallita materiaalit. Myös lapsihavainnoinnin opettelu on tärkeää.

3.11. Universaalit tendenssit

Maria Montessori löysi lapsia havainnoidessaan seuraavat inhimilliset pyrkimykset ja toiminnan halut, jotka hänen mukaansa ovat universaaleja, ilmenevät ihmisissä samanlaisina ympäri maailman. Ne säilyvät eri intensiteetillä ja eri aikoina ihmisessä koko elämän ajan.

1. Orientoituminen - Uusissa tilanteissa ihminen pyrkii suuntautumaan, tulemaan tutuksi uusien olosuhteiden kanssa. Orientoituminen on sekä konkreettista ja fyysistä paikkoihin tutustumista, että henkistä valmistautumista, ihmisiin tottumista.

2. Järjestys - Ihminen ja erityisesti lapsi tarvitsee järjestystä tiedon hallinnassa, syy ja seuraussuhteiden selvittämisessä. Muiden muassa tieteet, matematiikka, äidinkieli, historia hyötyvät ihmisen taipumuksesta laittaa asiat järjestykseen. Tämän on flow-käsitteen kehittäjä Mihály Csikszentmihályi (1991, 41) vahvistanut omissa kirjoituksissaan. Hänen mukaansa mieli tarvitsee järjestäytynyttä tietoa järjestyksessä pysyäkseen, joutumatta kaaokseen. Niin kauan kun mielellä on selkeät päämäärät ja se saa palautetta, tietoisuus hyrisee. Siksi esimerkiksi pelit, urheilu ja seremonialliset rituaalit kuuluvat eniten tyydytystä tuottaviin toimintoihin. Ne pitävät

tietoisuuden selkeiden sääntöjen määrittämissä tarkoissa rajoissa.

3. Tutkiminen - Perintömme menneisyydeltä on tutkimisen ja uteliaisuuden kautta saatua kokemusta. Lapsi on luontaisen utelias, tutkimisen ekspertti, mutta taipumus tutkimiseen ja uteliaisuus säilyvät ihmisessä hänen vanhetessaan.

4. Aktiivisuus - Aktiivisuuden voimakkuus vaihtelee eri ihmisillä. Lapsi on aktiivinen luonnostaan.

5. Kommunikointi - Synnynnäinen taipumus, joka liittyy sosiaalistumiseen. Ihmisellä on tarve ilmaista tunteensa ja ajatuksensa.

6. Manipulointi - Montessoripedagogiikassa manipuloinnilla tarkoitetaan konkreettista maailman tutkimista, esineiden käsittelyä, joka kulkee rinta rinnan aktiivisuuden kanssa. Käsi on ajattelun kehittymisen väline, lihasmuistiin esimerkiksi jää esineen leveys, paino jne. Käsillä tekeminen on suorassa yhteydessä aivoihin ja stimuloi niitä.

7. Työskentely - Mikä on leikin ja työn välinen ero? Molemmilla paljon merkityksiä, molemmat ovat päämäärätietoista tekemistä. Montessorin mukaan meillä on halu tehdä hyödyllisiä asioita, ja työ, työskentely on yksi taipumuksiamme. Työskentelyyn keskittyminen, uppoutuminen ja päämäärään pääseminen tuottavat mielihyvää.

8. Toistaminen - Toisto on tärkeää oppimisen kannalta. Se

vahvistaa ymmärtämistä ja osaamista.

9. Tarkkuus - Halu tehdä asiat täsmällisesti ja hyvin johtaa haluun toistaa asioita. Tarkkuus on edellytys monissa ammateissa. Liittyy järjestykseen.

10. Abstrakti ajattelu - Ihmisen ominaisuus kuvitella ja keksiä uutta erottaa hänet eläimestä. Ihmisellä on pienestä pitäen kyky kuvitella olemassa olemattomia asioita (Gopnik 2010) mielikuvitus, luovuus.

11. Mestarillisuus - Ihmisen taipumus pyrkiä parhaaseen mahdolliseen tulokseen.((Polk Lillard 1996, 9-21; Tyrväinen 2004)

3.12. Menetelmän erityispiirteitä

Valtavirrasta poikkeavia montessorimenetelmän ominaispiirteitä ovat mielestäni erityisesti hiljaisuuden ja rauhallisuuden arvostus päivittäisessä toiminnassa, palkintojen ja rangaistusten vähäinen merkitys ja ajatus abstraktisten käsitteiden esittelystä konkreettisen kautta (ks.esim.luku 3.8.). Valmistellun ympäristön merkitys on olennainen. Sen periaatteita voi soveltaa myös kotiympäristössä, kuten pedagogiikkaa yleensäkin. Myös läheinen suhde luontoon esimerkiksi leikkikoulun omalla puutarhapalstalla, oli Montessorin mielestä tärkeää. Joku toinen voi nostaa esiin jotain muuta; hyviä aineksia tässä rikkaassa pedagogiikassa riittää.

Hiljaisuus

Maria Montessori kuvaa kirjassaan Lapsen salaisuus (käännös J A.
Hollo, 1941) miten hän kerran toi luokkaan pienen vauvaikäisen lapsen,
jonka äänettömyys ihmetytti luokassa olleita lapsia. Hekin hiljenivät
lasta katsellessaan. Siitä saivat alkunsa Montessorin käyttämät
hiljaisuusharjoitukset, joita edelleen montessorileikkikouluissa tehdään.
Hiljaisuusharjoituksia ei voi tehdä keskellä suurta äänekästä tilannetta,
vaan lasten täytyy ensin rauhoittua.

Luokassa saa puhua tavallisella äänellä, mutta ei huutaa.
Ohjaaja menee lapsen luo ja lapset opetetaan tulemaan ohjaajan tai
muiden lasten luo, jos heillä on asiaa, ja myös liikkumaan rauhallisesti,
ei juosten. Tämä rauhallisuus puhuttelee lapsia, jotka omaksuvat sen
mielellään. Harjoitusta hiljaisuuteen lapset saavat myös viivalla kävely -
harjoituksesta, jossa opitaan liikkeiden hallintaa.

Palkinnot

Samassa teoksessa Lapsen salaisuus Montessori kirjoittaa, kuinka hän
havaitsi, etteivät palkinnot ja rangaistukset näyttäneet kiinnostavan
lapsia. Hyvän suorituksen jälkeen lapset saattoivat jopa kieltäytyä
vastaanottamasta palkintoa. Heille riitti oma opillinen saavutus ja
omanarvon tunne. Valinnan vapaus ja spontaanisuus kasvattavat sisäistä
itsekuria toisin kuin ulkoiset pakotteet, palkinnot ja rangaistukset.
Kasvatus joka perustuu rankaisemiselle, tuhoaa aidon tottelemisen.
Tottelemisen tulee perustua kunnioitukseen, eikä todellista

auktoriteettia ole ilman kunnioitusta. (Ojakangas 2001, 69.)
Montessorileikkikouluissa ei edelleenkään korosteta kilpailua tai
ulkoisia palkintoja.

Montessorileikkikoulut ja -ohjaajat

Ensimmäiset, aktiivisista vanhemmista muodostuneet
kannatusyhdistykset perustettiin vuonna 1979 Helsinkiin ja Espooseen.
Tällä hetkellä 3-6-vuotiaille tarkoitettuja montessorileikkikouluja on
Suomessa yli viisikymmentä, eteläisin Lohjalla, pohjoisin Kuusamossa.
Alle 3-vuotiaiden montessoriryhmiä toimii myös joidenkin
montessoripäiväkotien yhteydessä. Eriasteisia montessoriluokkia on
Suomessa useita. Montessorimenetelmää käytetään erityisopetuksessa
ainakin Tampereella ja Vantaalla, ja menetelmää on käytetty myös
dementiapotilaiden parissa aistien stimuloinnin apuvälineenä.
Montessoriohjaajia Suomessa on runsaat 200. Ensimmäinen Suomessa
toteutettu montessoriohjaajakoulutus oli Helsingin yliopiston
täydennyskoulutuskeskuksen ja Suomen Montessoriyhdistyksen
yhteistyö vuonna 2001. Nyt (2013) meneillään on Helsingin yliopiston
Koulutus- ja kehittämiskeskus Palmenian, Suomen Montessoriliiton ja
Suomen Montessori Koulutuksen neljäs suomenkielinen 2-vuotinen
monimuotokoulutus, jossa opiskelee 23 tulevaa A.M.I. (Association
Montessori International) -montessoriohjaajaa. Association Montessori
International on Maria Montessorin perustama järjestö.

Montessorimenetelmää on opetettu myös Kajaanin opettajankoulutuslaitoksessa. Uutena alkaa koulutus Tampereella. Toistaiseksi Suomen koulutusjärjestelmä ja päivähoidon henkilökunnan pätevyysvaatimukset pitävät montessoriohjaajan tutkintoa täydentävänä koulutuksena.

Lisätietoa montessorimenetelmästä ja -teoriasta

fi.wikipedia.org/wiki/Montessoripedagogiikka
www.montessori.fi
www.montessori.edu/info.html
http://www.webster.edu/~woolflm/montessori2.html
Suomen Montessorikoulutus, SMK, Marja-Leena Tyrväinen,
tyrvainen@gmail.com
Suomen Montessoriohjaajien ja opettajien pedagoginen yhdistys,
www.montessori-smoopy.fi. puh. 0400-246543,

Kansainväliset:
www.amiefs.org
www.aidtolife.org
www.effe-finland.org
www. montessoricentenary.org
www.montessori-ami.org
www.montessori-europe.com
www.montessoriforbundet.a.se
http://www.montessori-science.org/
www.goodatdoingthings.com
www.nienhuis.com

Valokuvia voi ladata sivustosta
http://montessoricentenary.org/mediaphotos.htm

Englanninkielisiä tausta-artikkeleita:
http://montessoricentenary.org/briefings

(Luvussa 3 on osia Montessori-lehdissä 2006/2007, 2007/2008 julkaistuista artikkeleistani.)

II LEVOTTOMUUDESTA, LEIKISTÄ, LUOTTAMUKSESTA JA LUOVUUDESTA

Luku 4

Levottomuudesta, keskittymisestä ja omien valintojen tekemisestä

Siirtyessäni mieltäni paljon vaivanneeseen pienten lasten levottomuuteen haluan ottaa esille humanistin, psykologin ja sosiologin, Erich Frommin. Vaikka Fromm puhuukin lähinnä aikuisista, hän viittaa usein myös lapsiin, joiden alkuperäinen ajattelu voi kasvatuksella lannistua.

Puhuessamme nykyajan ihmisen vapauden kahdesta eri puolesta otimme esille oman aikakautemme yksilön eristyneisyyteen ja voimattomuuteen vaikuttaneet taloudelliset seikat; puhuessamme psykologisista tuloksista osoitimme, että tämä voimattomuus johtaa joko sen laatuiseen pakenemiseen, jonka autoritäärinen luonne valitsee, tai sitten pakonomaiseen mukautumiseen, jolloin yksilöstä tulee automaatti; hän menettää oman minänsä ja on silti tietoisuudessaan vakuuttunut, että hän on vapaa ja vain oman itsensä alamainen.

On tärkeää tutkia, miten oma kulttuurimme edistää tätä mukautumistaipumusta, vaikka tilan puute pakottaakin meidät rajoittamaan esimerkkejämme. Omaehtoisten ja välittömien tunteiden ja siten aidon yksilöllisyyskehityksen nujertaminen alkaa jo varhaisesta lapsuudesta. 3-5-vuotiaille lapsille suoritetut testit ovat osoittaneet, että jos he yrittävät säilyttää spontaanisuutensa, tämä voi johtaa huomattaviin lasten ja

66

vanhempien välisiin ristiriitoihin. Tämä ei tarkoita sitä, että kasvattaminen sinänsä aina välttämättä johtaisi omaehtoisuuden tukahduttamiseen, jos kasvatuksen lapselle asettamat rajoitukset ovat vain väliaikaisia rajoituksia, jotka pelkästään tukevat kasvu- ja kehitysprosessia. Meidän kulttuurissamme kasvatus kuitenkin liian usein johtaa spontaanisuuden häviämiseen ja alkuperäisten sieluntoimintojen korvautumiseen ulkoapäin vaikutetuilla tunteilla, ajatuksilla ja toivomuksilla. (Fromm 1976, 203.)

Fromm liittää vapauden synnyttämän ahdistuksen lapsen yksilöllistymisprosessiin.

Enenevä yksinäisyys on toinen puoli yksilöllistymisen prosessia. Alkukantaiset siteet suovat varmuutta ja yhteyden ulkopuoliseen maailmaan. Lapsen erkaantuessa tuosta maailmasta hän tulee tietoiseksi sitä, että hän on yksin, että hän on eri olento kuin kaikki muut. Tämä erillistyminen maailmasta, joka verrattuna omaan yksilölliseen olemassaoloon on musertavan väkevä ja mahtava ja usein uhkaava ja vaarallinen, synnyttää voimattomuuden ja pelon tunteen. Niin kauan kuin henkilö oli elimellinen osa maailmaa eikä ollut tietoinen yksilöllisen toiminnan mahdollisuuksista ja vastuusta, hänen ei tarvinnut pelätä maailmaa. Kun henkilöstä on tullut yksilö, hän on yksin, ja vastassa on maailma ja koko sen pelottavuus ja ylivoimaisuus. (Mt., 33.)

Verraten äkillinen siirtyminen sikiöasteelta inhimillisen olemassaolon asteelle ja napanuoran katkaiseminen merkitsevät lapsen irtautumista äidin ruumiista. Mutta tämä irtautuminen on itsenäistymistä vain siinä mielessä, että kaksi ruumista on erkautunut toisistaan. Toiminnallisessa mielessä lapsi jää osaksi äitiä. Äiti ruokkii sitä, kantaa ja pitää kaikin tavoin huolta sen elämisestä. Vasta vähitellen lapsi rupeaa pitämään äitiä ja muita kohteita erillisinä olioina. Yhtenä tekijänä tässä prosessissa on lapsen neurologinen ja yleisfyysinen kehitys, hänen kykynsä tarttua – fyysisesti ja henkisesti – kohteisiin, tajuta ne ja perehtyä niihin. Oman toimintansa välityksellä lapsi oppii tuntemaan ulkopuolisen maailman. Yksilöitymisprosessin edesauttajaksi tulee kasvatusprosessi. Tämä prosessi tuottaa joukon kieltoja ja turhaumia, joiden takia äiti muuttuu henkilöksi, jolla on eri päämäärät, lapsen toiveiden kanssa ristiriidassa olevat päämäärät.

Alaviite: Tässä on huomautettava, ettei vaistojen turhauma sinänsä synnytä vihamielisyyttä. Elintilan väljentämisen ehkäiseminen, niiden yritysten torjuminen, joita lapsi tekee puolustaakseen minänsä oikeuksia, vanhemmista säteilevä vihamielisyys – lyhyesti sanottuna tukahduttamisen ilmapiiri – luovat lapseen tunteen, että hän on voimaton, ja siitä saa vihamielisyys alkunsa. Tämä vastakohtaisuus, joka on osa kasvatusprosessia, on yhtenä tärkeänä tekijänä teroittamassa eron tekemistä 'minun' ja 'sinun' välillä. (Mt., 31-33.)

Eräs kaikkein tärkeimpiä kasvuedellytyksiä on sen henkilön usko lapsen kehittymismahdollisuuksiin, joka on lasta lähinnä. ---Kasvatus on oleellisesti lapsen auttamista toteuttamaan omat piilevät mahdollisuutensa. Kasvatus (education) – sana merkitsee kirjaimellisesti "ulos johtamista (e-ducere) tai jonkin mahdollisuutena, piilevän esiin saattamista. Kasvatuksen vastakohtana "käsittely" perustuu kasvumahdollisuuksiin kohdistuvan uskon puutteeseen sekä vakaumukseen, että lapsi kehittyy oikeaan suuntaan vain sillä edellytyksellä, että aikuinen saattaa hänet oppimaan sellaista, mitä pidetään toivottavana, ja estää kaiken sellaisen esiin pääsemisen, jota ei pidetä toivottavana. (Fromm 1994, 167.)

Kuten lapsia sosiaalistetaan tuntemaan enimmäkseen myönteisiä tunteita, hymyilemään kohteliaasti tuntemattomillekin ihmisille, hillitsemään turhaumat ja aggressiot, samalla voi Frommin mukaan vääristyä myös alkuperäinen ajatteleminen.

Jo alusta alkaen kasvatus pyrkii lannistamaan alkuperäisen ajattelemisen ja ihmisten mieliin iskostetaan valmiita ajatuksia. On helppo havaita miten tämä tapahtuu nuoren lapsen osalta. Maailma saa hänet uteliaaksi, hän haluaa tarttua kaikkeen niin hyvin käsillään kuin älylläänkin. He haluavat tietää totuuden, koska siten on varminta orientoitua maailmassa, joka on outo ja mahtava. Mutta heitä ei otetakaan vakavasti ja on aivan samantekevää, onko tämä asenne avointa kunnioituksen puutetta tai hienovaraista alentuvaisuutta, joka on yleinen suhtautumistapa sellaiseen (kuten lapsiin, sairaisiin ja vanhuksiin) nähden, jolla ei ole voimaa eikä valtaa. Vaikka tällainen käyttäytyminen jo sinänsä lannistaa itsenäistä ajattelua, siihen liittyy usein vieläkin pahempi tekijä: epärehellisyys, vilpittömyyden puute – joskin usein tahaton - joka aikuisen käyttäytymisessä lasta kohtaan on tyypillistä. Tämä epärehellisyys ilmenee osaksi siinä, että lapselle annetaan väärä kuva maailmasta .(Mt., 207.)

Usein näkee, että lapsen vilpittömiin kysymyksiin ja ihmettelyihin annetaan vilpillisiä, epärehellisiä vastauksia asiaa sen enempää pohtimatta. Ajatellaan, että ei ole niin suurta väliä, mitä lapsille sanotaan. Taka-ajatuksena on ehkä, että he ehtivät kyllä ottaa asioista selvää myöhemminkin. Näin aikuinen pääsee helpommalla kuin silloin, jos joutuisi selittämään asian lapsen käsityskyvyn huomioivalla tavalla. Kun aikuinen taas vastaa rehellisesti, vaikka käyttäisi abstrakteja sanoja, joita lapsi ei ymmärrä, tämä vaistoaa sanojen takana olevan halun suhtautua kunnioittavasti ja häntä arvostavasti. Lapsen mieleen jää kuva, että hänet ja hänen kysymyksensä on otettu vakavasti.

Virheellisen maailmankuvan esittelyn lisäksi aikuiset tarjoavat lapsille tiettyjä erityisvalheita, joiden tarkoitus on piilottaa asioita, joita lapsen ei haluta tietävän. Ne ulottuvat vanhemman omasta huonotuulisuudesta, jonka he sanovat ehkä johtuvan lapsen käyttäytymisestä, aina aikuisten riitoihin ja sukupuoliasioihin. Jos lapsi näistä kyselee, hänet hätistetään tiehensä.

Fromm huomauttaa siitä, miten koulu tahattomastikin jatkaa alkuperäisen ajattelun tukahduttamista esimerkiksi korostamalla jatkuvan irrallisen ja hajanaisen informaation tärkeyttä. Vaikka on totta, että täysin ilman asiatietoutta ajattelu voi jäädä harhailevaksi, pelkkä "informointi" voi olla samanlainen ajattelun este kuin tiedon täydellinen puuttuminenkin. (Mt., 208.)

Elämän pyrkimys on laajeta ja kasvaa, toteuttaa itseään, potentiaaliaan. Jos se ehkäistään, yksilö tuntee epävarmuutta ja voimattomuutta. Frommin mukaan hän on tällöin altis tuhoamaan tai haluamaan valtaa tai alistumista. Nämä piirteet voi nähdä esimerkiksi lasten

levottomuudessa, jossa epävarmuus ja voimattomuus etsivät
purkautumistietään, tai aggressio- ja kiukkukohtauksissa. Sen sijaan,
että aikuiset kiristävät kontrollia, rankaisevat tai uhkailevat eri tavoin
tällaista käytöstä, siihen on mahdollista asennoitua lasta kunnioittavalla
tavalla, suhtautumalla lapseen arvostavasti, ottamalla vakavasti
turhautumisen syyn, antamalla aikaa, keskustelemalla. Mikä ei tarkoita
lapsen tahtoon alistumista, vaan kieltojen perustelemista.

4.1. Rauhattomuus, vapaus ja valinnat

Heräsin ristiriitaan lasten levottomuudesta työskenneltyäni ensin
montessorileikkikouluissa, sitten 6-7 -vuotiaitten iltapäiväkerhossa.
Montessoriympäristössä lapset oppivat rauhallisen toiminnan, purkavat
energisyyttään ulkoleikeissä tai leikkitilanteissa, mutta eivät ole samalla
tavalla levottomia ja hajottavia, kuten lapset toisinaan koulupäivän
jälkeen iltapäiväkerhossa. Valmistujaispuheessa kirjoitin: "Olemme
oppineet, että turhautuneet lapset, joilla ei ole tarpeeksi sopivia
haasteita, tulevat levottomiksi ja rauhattomiksi. Mielekäs tekeminen,
yhteisöön sopeutuminen ja omien kykyjen rajoilla toimiminen
kasvattavat ja kypsyttävät niin lasta kuin aikuista." Yritän tuoda
seuraavassa tätä ajatusta esiin myös viittaamalla ensin Maria
Montessorin kirjoituksiin montessoriohjaajasta, kurinpidosta ja lasten
vapaan valinnan kehittymisestä uudessa lapsiryhmässä, sitten

siteeraamalla muutamia otteita iltapäiväkerhossa päivittäin kirjoittamistani muistiinpanoista.

Jotkut pelkäävät, että vapauden lisääminen lapsille, nuorille ja aikuisille johtaa vain kaaokseen ja epäjärjestykseen, mutta uskon, että vapautta ei voi käyttää väärin, kun sillä on rajat, ja kun valintojen tekeminen on sellaisen itsekurin sävyttämää, joka näkee koko yhteisön edun. Tähän juuri montessoripedagogiikka perustuu.

Montessori kirjoittaa, että harjoitus vahvistaa kykyä tehdä vapaita valintoja:

> Vain yksi seikka paljastaa tämän näennäisen järjestyksen epävakauden, ja uhkaa kaataa kokonaisuuden: tosiasia, että lapset siirtyvät jatkuvasti asiasta toiseen. He puuhaavat jokaisen asian kanssa vain yhden kerran; sitten hakevat jotain uutta. Välinekaapille kulkee jatkuva virta edestakaisin. Kukaan näin käyttäytyvistä lapsista ei ole vielä löytänyt tästä uudesta maailmasta tarpeeksi voimakasta kiinnostuksen kohdetta, joka herättäisi heidän luonteensa. Heidän persoonallisuuttaan ei harjoiteta, eikä se ole voimistumassa. Näissä hetkellisissä kontakteissa ulkomaailma ei voi suunnata lapseen sellaista vaikutusta, joka toisi hänelle harmoniaa. Lapsi käyttäytyy kuin mehiläinen, joka lentää kukasta kukkaan löytämättä sitä, johon voisi pysähtyä, josta löytäisi mettä ja voisi olla tyytyväinen. Hän ei kykene työskentelemään keskittyneesti, ennen kuin tuntee sisimmässään sen suuren vaistonvaraisen aktiivisuuden heräämisen, jonka on tarkoitus vaikuttaa hänen luonteeseensa ja mieleensä rakentavasti.

Opettaja, joka havaitsee lapsen hajaantuneen huomion ja epävakaan tilanteen, kokee työnsä vaikeaksi; lisäksi hän

72

usein juoksee yhden lapsen luota toisen luo levittäen täten omaa ahdistustaan ja levollisuuden puutettaan ympäristöön. Monet lapsista, jotka ovat väsyneitä ja kyllästyneitä, leikkivät montessorivälineillä erilaisin typerin tavoin heti kun hän kääntää selkänsä. Kun ohjaaja on kiinni yhden lapsen kanssa, toinen käyttäytyy huonosti, eikä lapsissa nähdä sitä moraalista ja älyllistä kehitystä, jota niin uskollisesti on odotettu.

Järjestys, joka mahdollisesti väliaikaisesti saavutetaan, on hyvin herkkä, ja opettaja, joka jatkuvasti etsii ja tarkkailee epäjärjestyksen merkkejä "ilmassa", on jatkuvassa jännityksen tilassa. Suurin osa ohjaajista, joilta puuttuu tarpeellinen koulutus ja kokemus, päätyy ajattelemaan, että kauan kaivattu ja mainostettu (Montessorin) "uusi lapsi" on vain myytti ja ihanne. He ovat usein myös sitä mieltä, että ryhmä, jota pidetään järjestyksessä edellä kuvatulla hermostuneella energialla, on väsyttävä opettajalle, eikä hyödytä lapsia millään lailla.

Opettajan on Montessorin mukaan välttämätöntä ymmärtää lasten ehtoja. Nämä pienet henget ovat muutosvaiheessa. Kehityksen oikea ovi ei ole heille vielä avoinna. He koputtelevat ja odottavat sen ulkopuolella. Tosiaan, minkäänlaista kehitystä ei ole havaittavissa, ja tilanne on lähempänä kaaosta kuin järjestystä.

Tällaisessa tilanteessa lasten toiminta on tietenkin epätyydyttävää. Heidän alkeellisista koordinoiduista liikkeistään puuttuu voimaa ja arvokkuutta, heidän toimintansa on oikukasta. Verrattuna ensimmäiseen vaiheeseen, jolloin he eivät vielä olleet kosketuksissa todellisuuteen, he eivät ole kehittyneet paljonkaan. Tila muistuttaa sairauden jälkeistä toipumisvaihetta. Kyseessä on ratkaiseva kehityksen hetki, ja ohjaajan tulee tehdä kaksi asiaa: hänen tulee yhtä aikaa valvoa lapsia ja ohjata heitä yksilöllisesti. Hänen tulee esitellä uusia välineitä ja materiaalia säännöllisesti ja oikeaoppisesti. Samanaikainen yleinen lasten valvonta, ja yksilöllinen, tarkka ohjaus ovat ne kaksi tapaa, joilla opettaja voi edistää lapsen kehitystä. Opettajan on oltava tarkka siitä, että ei käännä selkäänsä muille lapsille samalla kun ohjaa yksittäisen lapsen työtä. Koko vaeltavan, elämää etsivän ryhmän on tunnettava hänen läsnäolonsa. Tärkeintä on läheisessä opetustuokiossa annettu yksittäisten lasten yksilöllinen, tarkka ja innostava ohjaus. Silloin, eräänä kauniina päivänä, joku näistä pienistä hengistä herää, jonkun sisäinen "itse" siirtyy tietyn tehtävän tai välineen luo, vangiten lapsen keskittymiskyvyn ja huomion taitoa kehittävään toistoon, ja lapsi osoittaa työn jälkeen sellaista iloa ja virkistystä, joka kertoo hänen sisäisestä uudestisyntymisestään.

Vapaa valinta on yksi korkeimpia henkisiä toimintoja. Vain sellainen lapsi, joka on syvästi tietoinen harjoituksen tarpeestaan ja henkisestä kehityksestään, voi valita vapaasti, sanoo Montessori.

Vapaasta valinnasta ei voida puhua tilanteessa, jossa lapsen huomiota kiinnittävät lukuisat ulkoiset ärsykkeet samaan aikaan. Silloin lapsi, jonka tahto ei ole vielä kylliksi kehittynyt, vastaa jokaiseen huutoon, siirtyen rauhattomasti yhdestä mielenkiintoisesta asiasta toiseen. Tämä tärkeä seikka on jokaisen opettajan huomioitava. Lapsi, joka ei osaa kuunnella ja totella sisäistä opastaan, ei ole vielä valmis valitsemaan vapaasti sillä kapealla ja pitkällä polulla, joka aikaa myöten voi viedä hänet kohti täydellistymistä. Toistaiseksi hän on vielä ulkoisten,

pinnallisten ärsykkeiden orja, ympäristönsä armoilla.
Hänen henkensä liikkuu edestakaisin superpallon lailla."
(Montessori 1949, 246 - 248.)

Montessori jatkaa vanhanaikaisen ylevällä kielellä kuvailuaan
vertaamalla ihmisen mieltä kasviin, jonka juuret löytävät maaperän
monista aineista juuri sen, mitä se tarvitsee. Pienissä lapsissa on välitön
herkkyys pyytää sitä, mikä heille on välttämätöntä, mutta väärin
suunnattu tai tukahduttava kasvatus saa tämän sisäisen herkkyyden
katoamaan, jolloin tilalle nousee eräänlainen orjuus ulkoisille
ärsykkeille. Tästä puhuu myös Erich Fromm (katso luku 4). Aikuiset
ovat Montessorin mukaan kadottaneet herkkyytensä, ja siksi me lapsia
katsoessamme näemme eräänlaisen mysteerin.

Montessoripedagogiikassa ohjaajan rooli onkin
ensiarvoisen tärkeä. Sillä ennen kuin lapsi on löytänyt huomio- ja
keskittymiskykynsä, opettajan on osattava hillitä itsensä niin, ettei hän
tarjoa apuaan turhaan, ei keskeytä lapsen herkkää prosessia, vaan antaa
sen laajeta vapaasti. Tämän moraalisen ja hennon herkkyyden ohjaaja
oppii koulutuksen aikana ja vähitellen kokemuksen myötä. (Mt., 248.)

Työhönsä keskittyvä lapsi on tyytyväinen, ei huomaa muita lapsia tai
ympäristöään, on "flow"-tilassa, ja lopetettuaan virkistynyt ja valmis
sosiaaliseen kanssakäymiseen ja uusiin haasteisiin. Vapaaehtoisesti
eristäytyneessä ja tekemiseensä keskittyneessä lapsessa muodostuu
vahva ja tyyni mielentila, joka säteilee hyvää tahtoa ympäristöönsä.

Flow-käsitteen keksijä, Csikszentmihályi viittaa aluksi juuri leikissä ilmenevään "virtaukseen", jota voisi kutsua myös "ydinleikiksi" (Vuorisalo 2009 teoksessa Alanen ym., 175-180), mutta osoittaa, että sen kokeminen on periaatteessa mahdollista missä tahansa toiminnassa (Csikszentmihályi 2006, 13.)

Flow-tilassa olevaa lasta tai aikuista ei pitäisi keskeyttää, sillä se voi aiheuttaa ärtymyksen tunteen, minkä tiedän omasta kokemuksestani. Montessori viittasi dramaattisesti keskeyttämisen tunnetta veitsen viiltoon. Montessorimenetelmässä lapset saavat tunteen tästä syvästä keskittymisestä, ei vain leluilla leikkiessään, vaan montessorivälineillä työskennellessään ja oppivat samalla loogista järjestystä, 10-järjestelmää, lukusuuntaa ja muita tiedollisia faktoja.

Olen nähnyt näitä keskittyneitä ja levollisia lapsia montessoriympäristöissä huolimatta monista häiriöistä, joita esimerkiksi liian suuri lapsiryhmä tai yksittäiset lapset saattavat aiheuttaa. Realiteetit vaikuttavat myös montessorileikkikouluissa, jotka usein ovat yksityisiä, vanhempainyhdistysten hallinnoimia ja vähävaraisia. Montessori oli vakuuttunut, että ylläkuvatusta asenteesta voi kehittyä koko yhteisöä rikastuttava säännöllisen työn kunnioitus ja elämänilo.

4.2. Merkintöjä

Toimin iltapäiväkerhossa taideohjaajana noin puoli vuotta muiden töiden ohella, kunnes jouduin pitkälle sairauslomalle. Työtehtäviin kuului paitsi taideohjausta, muun toiminnan ohjausta ja valvontaa, vapaamuotoisen päiväkirjan pitäminen päivittäisistä pääasiallisista tapahtumista, lasten poissaoloista ja vastaavista rutiineista.

Yllätyksekseni kirjasin useimmiten yleisiä huomioita lasten levollisuudesta tai levottomuudesta, kunnes ymmärsin huomioni johtuvan montessorileikkikoulukokemuksestani. Niissä lasten toiminta on erilaista, rauhallista puuhailua montessorivälineiden, "käytännön töiden", matematiikan, rakennuspalikoiden, äidinkielen kirjainten, palapelien, käsitöiden, kirjojen ja muiden lasten kanssa. Kiinnitin tiedostamattani iltapäiväkerhossa huomiota yleiseen ilmapiiriin, joka poikkesi aiemmin kokemastani.

Iltapäiväkerhossa lapset saavat olla vapaammin kuin esimerkiksi koulussa, ja vaikka silläkin on säännöt, tietty riehakkuus ja meteli sallitaan niin kauan, kun ketään ei vahingoiteta, kiusata tai loukata. On ymmärrettävää, että lapset kaipaavat vapautta ja liikettä 4-5- tunnin koulupäivän ja pulpetissa istumisen jälkeen. Ihmettelyni herättivät kuitenkin silloin tällöin toistuvat päivät, jolloin rauhattomuus oli tavallista suurempaa ja esti normaalin leikin, pallopelin tai muun vapaankin toiminnan, eikä laantunut, ennen kuin päätimme siirtyä ulos pihalle tavallista aikaisemmin. Onko levoton mellastaminen stressioireilua, omaehtoisen toiminnan tai rauhan kaipuuta, liiallisen paikallaanolon aiheuttamaa liikunnantarvetta, vai jotain muuta?

Nick Leen (2001, 141) esittämä uusi käsitys pitää sisällään ajatuksen siitä, että aikuisille epäjärjestyksenä näyttäytyvä

77

lasten toiminta ei johdu järjestyksen puutteesta, vaan siitä, että heidän mielessään on erilaisten järjestysten runsaus, joiden välillä he pystyvät liikkumaan hyvin nopeasti. Tästä huolimatta joinakin päivinä levottomuus tuntui ylittävän lasten omankin erilaisten asioiden ja järjestysten runsauden sietokyvyn.

Seuraavassa otteita sellaisten päivien kirjauksista. Iltapäiväkerhot toimivat yleensä klo 12-17 välisenä aikana, niin tämäkin.

Tänään **20.8.** P. oli 1.päivää ja lapset olivat todella villejä, ikään kuin testasivat häntä [3.uusi aikuinen runsaan viikon sisällä], näyttivät mitä kaikkea uskaltavat tehdä ja antaako hän heidän tehdä. Pitää olla samat säännöt kaikilla aikuisilla.

3.9.
Ruoan aikana kuunneltiin Aristokatit, mutta välillä puheäänet nousivat yli nauhan. Miten saan heidät hiljaisiksi? Hm, ehkä hiljaisuusharjoitus huomenna?
Ulkona 14.30-15.30, sisällä olivat rauhallisia. Mitä jos aikaistaisin kaikkea? Välipala 13.30-14, ulos 14-15, sisäleikit--ei..

5.9.
Poissa monta lasta, rauhallisempaa.

9.9.
Ulos vaikka satoi, oltiin katoksen alla. se rauhoitti lapsia, jotka olivat
taas erit. villejä (pojat), koska koulussa oli ollut

kuvauspäivä, joka oli kuulemma ollut tylsää, varmaan odottamista yms. Kaikki, mitä koulussa tapahtuu, vaikuttaa heti ip-kerhossa.

15.9.
Levoton päivä, varsinkin pojilla.

16.9.
Rauhallisempi päivä. Maalausta vapaasta aiheesta, lukuhetki arkeologiasta (lasten tietokirja) ja madoista matolla. Poikiakin kiinnosti. Kolmen tytön kopla suunnitteli omiaan, P. (tyttö)veti pienen karatetuokion. Pihalla kaikilla paljon tekemistä, ilahduttavan toimeliaita leikkejä. Ennen ulosmenoa sovittiin vielä mitä tehdään huomenna. KIM-leikki toistamiseen ja Kenen äänellä varis vaakkuu? Näitä on vaikea saada tekemään mitään ohjattua (samaa sanoi edellinenkin ohjaaja).
(Huom. Yllä olevan otin mukaan vertailun vuoksi, esimerkiksi rauhallisemmasta päivästä. Otteen viimeinen lause tosin kertoo jotain.)

18.9.
Pojat pelaavat valvottuina suht. hyvin salissa, huutamatta liikaa, potkimatta liian korkealle, sisäpallolla jalkapalloa. Tulee mieleen liikuntaan ja urheiluun erikoistuneet ip-kerhot. Luin Yö-kirjan loppuun kiihkeimmän pelin rauhoittamiseksi. Tuntuu, että kaikilla valtava tarve leikkiä vapaasti, liikkua etc., varsinkin jos tulevat vasta klo 13.30 tai 14 koulusta.

25.9.
Muuten lapset levottomia. Tschaikovskikaan ei auttanut!

29.9.
Ulkona hieno sää, mutta 2.-ja 3.luokkalaiset tytöt kiusasivat meidän 1.luokkalaisia, tuli riitaa majoista etc.

ja oli jotenkin levotonta ja tylsää (meidän ip-tytöistä pari kiukustui minullekin ja takoi rintaani nyrkeillä ja puhui rumasti). En ymmärrä miksi tytöt ovat nykyään niin aggressiivisia. Näkyykö nykyajan ahdistus jo heissäkin?

1.10.
7 lapsen sijaan, joiden piti tulla klo 12, tulikin 14 – olivat päässeet 1 t aikaisemmin (open koulutusta, minulle ei tietoa). Tekivät hetken läksyjä ja joulu- ja taidekortteja, leikkimään oli kova hinku, varsinkin pojilla purkamaan energiaa.
Aloin sinnikkäästi kuitenkin tuokion takahuoneessa, kertasin viime kerrasta
Kalevalan synnyn ja menimme eteenpäin Joukahaisen ja Väinämöisen kilpalaulantaan. Sitten meidät keskeytti keski-ikäinen mies, joka tiedusteli minne hän voi tuoda lavallisen savea…Sanoin että kysyisi J:ltä toimistosta, mutta lapset olivat jo häiriintyneet ja levisivät ympäriinsä. Kutsuin takaisin ja jouduin jo korottamaan ääntäni ja sanoin, että jokaisen tulee valita minkä hahmon tekee Kalevalasta O:n kanssa ja niistä päistä, jotka jo teimme. Valitsivat, ja laitoin vielä kirjoittamaan ja piirtämään vihkoon. Kun tein välipalaa edestakaisin pomppivan L-järjestäjän kanssa keittiössä, takahuoneessa syntyi draama tyttöjen kesken ja P. itki, häntä olivat muut tytöt kuulemma lyöneet…selvittelyä….Välipalalle yritin saada kaikki mahdollisimman nopeasti pöydän ympärille istumaan. Sen aikana luin kilpalaulanta-kohdan uudestaan, ja lopun S:n tuomasta sadusta. Välipalan jälkeen ulos, jossa hirsipuuta hiekalla ja majan rakentelua. Huhhuh.

Yllä olen kuvannut muutamia rauhattomimpia päiviä, joita ei neljän kuukauden aikana ollut kuitenkaan kuin runsaat kymmenen. Loka-marraskuussa ohjaajia oli usein kaksi, mikä rauhoitti lapsia, vaikka myös hämmensi. Onhan lasten aina tutustuttava uuteen aikuiseen, haastettava hänet, testattava ovatko säännöt samat, ja se kaikki vie energiaa.

Aiemmin mainitun lapsuuden sosiologin Nick Leen (2001) teoria siitä, että kasvaminen on paljolti toiminnan hidastumista ja laajenemista on mielestäni hyvä havainto. Siten esimerkiksi aikuisista epäjärjestykseltä näyttävä lasten toiminta onkin usein vain heidän toimiensa nopeutta ja vilkkautta. Kaunokirjallisuudessa Siri Hustvedt on teoksessa Kaikki mitä rakastin kuvannut samaa:

> Lapset olivat hätkähdyttävän erilaisia ja silti heidän kasvonsa loppujen lopuksi sulautuivat toisiinsa. Mutta ennen kaikkea nauhat paljastivat lasten hurjan liikkuvaisuuden, sen että hereillä he harvoin lakkasivat liikkumasta. Yksinkertaiseen korttelin päähän kävelyyn sisältyi vilkutusta, hyppelyä, pomppimista, pyörähtelyä ja lukuisia pysähdyksiä, joiden aikana tutkittiin paperinpalaa, silitettiin koiraa tai hypättiin kävelemään betonikaiteelle tai matalalle aidalle. Koulunpihalla tai leikkikentällä tönittiin, nyrkkeiltiin, käytettiin kyynärpäitä, potkittiin, taputettiin, halattiin, nipisteltiin, kiskottiin, kiljuttiin, naurettiin, lälläteltiin ja laulettiin, ja katsellessani heitä minulle valkeni, että isoksi kasvaminen tarkoittaa todellisuudessa vauhdin hiljentämistä. (Hustvedt 2007, 427)

Ylläoleva kertoo lasten positiivisesta, omaehtoisesta liikunnallisuudesta ja toiminnallisuudesta ulkosalla, ja juuri kaikki tuollainen lapsia kiehtoo. Mutta onko mahdollista, että nykyisen yhteiskuntamme kiihkeä rytmi ja virikkeiden ylitarjonta on vaikuttanut myös lapsiin niin, etteivät

81

he enää kestä ikävystymistä? Tästä kirjoittaa muun muassa norjalainen filosofi Lars Fr.H. Svendsen (2005, 161), joka viittaa aiemmin mainittuun Finn Skårderudin teokseen Oro : "Jos ihmiseltä puuttuu kyky sietää tiettyä ikävystymistä, hän elää surkeaa elämää, joka on pelkkää jatkuvaa pakoa ikävystymisestä. Sen vuoksi kaikki lapset olisi kasvatettava sietämään ikävystymistä. Kun lapsia aktivoidaan jatkuvasti, laiminlyödään samalla tärkeä osa kasvatusta."

Toisaalta lasten ja nuorten joutilaisuutta on kautta aikain paheksuttu ja patistettu "hyödylliseen" työhön. Tiedän itsestäni, että ikävystyminen on epämukavaa, hajauttavaakin, ajatukset harhailevat, kiinnittyvät kuin itsestään helpommin ikäviin asioihin. Mutta kuten montessorileikkikouluissa alun työskentelyä seuraavan kaaoksen jälkeen seuraa kiinnittyminen hiukan vaativampiin tehtäviin, seuraa aikuisenkin ikävystymistä - kun sitä ei ole torjunut jollain helpolla tavalla - ajatusten uudelleenjärjestäytyminen ja myönteisessä tapauksessa uusien ajatusten synty. Svendsenin (Mt.,172) mukaan aikuistuminen on sen hyväksymistä, että elämä on aina tietyssä määrin ikävystyttävää, mutta myös sen oivaltamista, että ikävystyminen ei tee elämästä mitenkään huonompaa.

Ajatukseni on, että silloin kun lapset olivat tavallistakin rauhattomampia, heillä oli ollut pulpetteihin ja sääntöihin istutettu pitkä päivä takanaan, paljon istumista, vähän välitunteja (joskus ei ehditä välitunnille kuin 10 minuutiksi, kun edellinen tunti on venynyt, ja uusi painaa päälle) ja liikkumismahdollisuuksia, vähän omaa tekemistä, liikaa aikuisen johtamaan toimintaan alistumista, liikaa aktivointia.

Joskus ryhmän johtajalapsille oli ehkä tapahtunut jotain ikävää, oli syöty huonosti (esim. ei hyvää ruokaa koulussa) tai nukuttu (eri syistä) huonosti, ja näiden mieliala siirtyi ryhmän muihin jäseniin. Toisinaan enemmistöllä ryhmäläisistä oli vastaavia kokemuksia, selvisi kysyttäessä. Silloin ei kerhossa helposti mikään ohjattu toiminta onnistu, ei rauhallinen tekeminen, askartelu, kuuntelu, pohtiminen tai muu sellainen, vain riehunta, liikkuminen, juokseminen, joka tarttuu. Ja kuitenkin vaistosin, että he olivat myös päinvastaisen toiminnan, eli rauhoittumisen tarpeessa, mutta eivät kyenneet siihen ennen kuin saivat patoutuneen energian purettua kaaoksessakin. Rauhattomuus on siten tavallaan lasten kapinaa aikuisten liiallista hallintaa vastaan, kapinaa, joka on tiedostamatonta ja osin ehkä biologisesti määrittynyttä, mutta vastareaktio yhtä kaikki. Turhan usein toistuessaan levottomuus voi olla ongelma, sillä lapset selvästi itsekin kärsivät siitä, aggressiot, itku ja kiusaaminen ovat pinnan alla, ja yleinen ilmapiiri ahdistunut.

Monet saattavat pitää levottomuutta lapsen ja ihmisen elämään väistämättömästi kuuluvana osana, jota myös ryhmässä oleminen edesauttaa. Oma kokemukseni kuitenkin on, että ryhmä ei selitä asiaa, sillä rauhallisia päiviä on myös paljon. Montessorin mukaan kaaoksessa oleva lapsi on sisäisen epäjärjestyksen vallassa, ja hän pitää sellaisissa tilanteissa ulkoisen järjestyksen palauttamista tärkeänä, koska yhdenkin lapsen ryhmässä aloittama huono käytös voi levitä, kuten mielialat herkästi leviävät.

83

Kirjassaan Absorbent Mind Montessori antaa käytännön esimerkin: kun lapset ovat kaaoksessa, hän pyytää heitä järjestämään pöydät ja tuolit ojennukseen hyvin hiljaa, ilman kovaa ääntä. Sen jälkeen järjestämään tuolit riviin, edelleen hiljaa, ja sitten istumaan niille äänettömästi. Luokkaan tulee järjestys ja tyyneys.

Syy mielialan ja käytöksen leviämiseen on lasten avoimuudessa ylipäänsä vaikutteille, eivät he osaa erotella, torjua tai valita tunteitaan ja päättää olla osallistumatta, kuten vaikutuksille vähemmän alttiit aikuiset. Siksi myös levollinen tunnelma leviää, kuten montessoriympäristössä. Puhutaan myös keskeyttämisen kulttuurista, johon lapset oppivat jo päiväkodista, joissa keskeyttämistä pidetään normaalina.

Kirjailija ja tutkija Juha Siltala on sitä mieltä, että kun aikuiset suostuvat ja tottuvat keskeyttämiseen, he alkavat vaatia samaa myös lapsilta. Lasten keskeyttämisvalmiutta on pidetty myönteisenä sosiaalisena joustavuutena (Strandell 1995, teoksessa Kalliala, 1999, 248), ja Lastentarha-lehti 1/95 kirjoitti: "Eivätkö lapset keskity leikkeihinsä? Älä huolestu, tällaista elämä nyky-yhteiskunnassa on." (Mt.). Huolimatta lasten marginalisoimisesta erilaisiin instituutioihin Strandell toteaa sen, mihin tämäkin kirja haluaa suunnata huomion, että lapset ja aikuiset elävät myös samoissa maailmoissa, samassa yhteiskunnassa. Päiväkodin toiminnassa nähtävät moderniin yhteiskuntaan kuuluvat piirteet, kuten päivän pirstoutuneisuus ja katkelmallisuus, sitoutumisen hetkellisyys ja jatkuva muutos ovat

84

länsimaiseen elämäntapaan kuuluvan kiireisen arkipäivän rakentumisen kannalta välttämättömiä- ylös aamulla, töihin ja päiväkotiin, pitkä toimelias päivä, takaisin väsyneenä ja kiireellä päivän päätteeksi. (Strandell 1996, 187–188.)

Näitä piirteitä ei neutraalina pysyttelevä tutkimus yleensä arvota. Silti pitäisi ehkä huolestua. Montessoripedagogiikassa keskeyttämistä ei pidetä toivottavana. Jatkuvaan keskeytykseen tottuminen syö keskittymiskykyä, joka taas on kaiken uuden oppimisen edellytys.

Yllämainituista levottomuuden syistä sellainen, johon olisi helpointa yhteiskunnallisella päätöksenteolla vaikuttaa, on liikuntamahdollisuuksien lisääminen koulupäivien aikana ja iltapäiväkerhojen toimintaedellytysten parantaminen. Lastenpsykiatri Jari Sinkkosen mukaan levoton lapsi on toisaalta liikunnan, toisaalta levon tarpeessa - monet lapset nukkuvat liian vähän (Honkanen 2009). Jos lapsi ei koulupäivän jälkeen voi mennä omaan kotiinsa tai muualle kotiympäristöön rauhoittumaan (koska esimerkiksi tietokone mahdollisesti vetoaa siellä liikaa tai muut syyt estävät sen), iltapäiväkerhossa pitäisi olla mahdollisuus lepoonkin, mikä nyt ei useinkaan ole mahdollista pienissä tiloissa ja suurissa lapsiryhmissä.

Lasten vapaa liikkuminen on vähentynyt. Helmikuussa 2010 uutisoitiin erikoistutkija ja ympäristöpsykologi Marketta Kyttän havainnoista, miten ylihuolehtivat nykyvanhemmat kasvattavat sukupolvea, jonka elinpiiri kapenee, kun lapsia ei uskalleta päästää liikkumaan yksin ja heitä kuljetetaan paikasta toiseen autoilla turvallisuuden nimissä. Jatkuvan valvonnan sijaan lapsilla pitäisi olla tilaa ja mahdollisuuksia liikkua, olla keskenään tai vain oleilla rauhassa ilman jatkuvaa valvontaa, mutta turvallisessa ympäristössä.

William Corsaro (1992, 171) on tutkinut esikouluikäisten vertaiskulttuuria. Niiden mukaan ilman aikuisia lapsiryhmässä esiintyy myös kiusaamista, konflikteja ja pelkoja, jos lapset jätetään pitkiksi ajoiksi keskenään. Lasten keskinäisellä kanssakäymisellä on sinänsä selkeitä etuja lasten sosiaalisuudelle, aikuisten mielivaltaisen vallan vastustamisen ja lasten välisen yhteistyön ja kommunikoinnin kehittymisen kannalta, eikä ehdottomia sääntöjä voi antaa. Mutta koska lapsilla ei välttämättä ole resursseja konfliktien rakentavaan käsittelyyn, on aina parempi, jos viisaita aikuisia on lähettyvillä. Vanhempia, opettajia ja muita aikuisia tarvitaan moraalin opettamiseksi.

Terveyden ja hyvinvoinnin edistämisen laitoksen (THL) verkkosivuilla olleen diasarjan Lasten asema ja palvelut 1990-luvun lamasta tähän päivään (http://varttua.stakes.fi/FI/index.htm - nyttemmin poistettu) lopussa esitettiin oleellisia kysymyksiä: Minkälaiset edellytykset yhteiskunta kokonaisuutena on luonut vanhemmille hoitaa vanhemmuuden tehtävää? Missä määrin on mahdollista olla hyvä vanhempi? Miten yhteiskunta on kantanut vastuunsa siitä osasta lasten jokapäiväistä elämää, jonka he viettävät julkisten palvelujen piirissä päivähoidossa ja koulussa (ja ip-kerhossa)? Minkälaisia ovat yhteiskunnan lapsille järjestämät toimintaympäristöt?

86

Avoliittojen ja yksinhuoltajien määrän lisääntymisen myötä lapsuus on naisistunut ja yhteiskunnan tukitoimien jatkuvasti heikentyessä muuttunut taloudellisesti vähävaraisemmaksi. Päättäjiltä jää huomaamatta, miten tärkeä rooli lapsilla on jokaisen yhteiskunnan sosiaalisen kudoksen muodostumisessa (Jensen 74, teoksessa Qvortrup ym., 1994).

Iltapäiväkerhon lapset kuvittelivat kerran taikamyllyn, joka jauhaisi asioita, joita he eniten halusivat. Karkin, donitsien ja ystävien joukossa vilahti "enemmän isiä".

4.3. Erilaisista ärsykkeistä

Fromm kirjoittaa ihmiselimistön tarpeesta saada tietty vähimmäismäärä kiihokkeita ja ärsykkeitä, aivan niin kuin se tarvitsee tietyn vähimmäismäärän lepoakin. Ihmiset hakevat innokkaasti jännitystä. Sitä tarjoavat niin onnettomuudet, murhat, tulipalot, sodat ja seksi kuin rakkaus ja luova työ. Fromm haluaa kuitenkin kiinnittää huomiota siihen, että psykologisessa ja neurofysiologisessa kirjallisuudessa termiä "ärsytys" on käytetty melkein yksinomaan, kuten hän sanoo, sen "yksinkertaisessa" muodossa. Jos ihmistä uhkaa vaara, hänen reaktionsa on nopea ja yksinkertainen. Sen juuret ovat ihmisen neurofysiologisessa rakenteessa. Sama koskee muita fysiologisia tarpeita tiettyyn määrään asti. Henkilö reagoi tarpeen täyttämiseksi, mutta hän ei tee mitään muuta kuin sen vähimmäisaktiivisuuden, joka tarvitaan pakoon lähtöön, hyökkäämiseen tai seksuaaliseen kiihottumiseen.

Useinkaan ei huomata sitä, että on olemassa myös ärsykkeitä, jotka aktivoivat. Tällaisia ärsykkeitä ovat esimerkiksi hyvä romaani, ajatus, runo, musiikkikappale tai rakastettu henkilö. Kaikki nämä pyytävät ihmistä mukaan elävään suhteeseen, tulemaan tietoisemmaksi ja avoimemmaksi näkemään ja löytämään uusia puolia kohteesta. Se ei ole yksinkertainen reaktio, ihminen ei ole passiivinen vastaanottaja, johon ärsytys vaikuttaa, vaan hän voi ilmaista omia taipumuksiaan, solmia suhteen maailmaan ja olla aktiivinen ja tuottava. Csikszentmihályi sanoo saman puhuessaan nautinnosta (jolla hän ei siis tarkoita yksinkertaista fyysistä nautintoa), miten sille on ominaista eteenpäinmenon tunne, uutuuden viehätys, aikaansaaminen (ks. s. 90-91).

Näillä kahdella erityyppisellä ärsykkeellä ja reaktiolla on tärkeitä seurauksia. Yksinkertaiset ärsykkeet lakkaavat tarpeeksi kauan toistettuina vaikuttamasta, kiihotustilan jatkuminen edellyttää ärsytyksen voimistuvan tai muuttuvan laadultaan; tarvitaan tietynlaista uutuutta. Aktivoivilla ärsykkeillä on toisenlainen vaikutus. Ne eivät pysy "samoina", vaan ovat koko ajan uusia ja muuttuvia. Vastaanottaja muuttaa niitä löytämällä niistä jatkuvasti uusia puolia, ja niiden vaikutus kestää kauemmin. Kyseessä on vuorovaikutussuhde, ei vain mekaaninen ärsytys-reaktio -suhde. Tällaiset ärsykkeet ovat Frommin mukaan aina eläviä, virkistävät kokijaa ja laajentavat hänen tietoisuuttaan.

Tämä on tärkeää oppimisen kannalta. Oppiminen, joka

tunkeutuu pinnan läpi ilmiöiden juuriin, on riemastuttava ja aktiivinen prosessi, kun taas pelkkä ulkoinen tietojen hankinta on yksinkertaista ärsyttämistä. Tällaisten yksinkertaisten ärsykkeiden varassa nyky-yhteiskunta pitkälti toimii, ja siksi ärsykkeitä on jatkuvasti vaihdettava, etteivät ne menettäisi tehoaan.

Tätä kuvausta Fromm tarkentaa toteamalla, ettei merkitystä ole yksinomaan ärsykkeellä. Mitä jännittävin runo tai ihminen ei ehkä vaikuta sellaiseen ihmiseen, joka ei pelkonsa, estyneisyyden, laiskuuden tai passiivisuuden vuoksi kykene reagoimaan. Aktivoiva ärsyke vaatii inhimillisesti herkkää vastaanottajaa. Mutta, ja tässä palaamme lapsiin, hänen mukaansa täysin "elävä" ihminen ei välttämättä tarvitse mitään ulkopuolisia ärsykkeitä aktivoituakseen, koska hän luo itse omat ärsykkeensä.

Tämä näkyy pienissä lapsissa. Yleensä noin viidennen vuoden paikkeille lapset ovat niin aktiivisia ja tuottavia, että he "valmistavat" itse ärsykkeensä, luovat kokonaisen maailman paperinpaloista, puusta, kivistä, tuoleista, mistä tahansa, mitä heidän käsiinsä osuu. Mutta kun he Frommin mukaan kuusi vuotta täytettyään muuttuvat ei-spontaaneiksi ja passiivisiksi – (tarkkoihin ikämäärityksiin on syytä suhtautua varauksella ja ottaa huomioon erilaiset olosuhteet) - he alkavat kaivata sellaisia ärsykkeitä, jotka sallivat heidän pysyä passiivisina ja vain reagoida. Tahtoessaan monimutkaisia leluja ja kyllästyessään sitten niihin nopeasti he käyttäytyvät jo kuin aikuisetkin vaihtuvine autoineen, vaatteineen, matkoineen. (Mt., 1976, 285 - 288.)

89

Mihály Csikszentmihályi puhuu samasta asiasta hieman eri nimillä kun hän tekee eron mielihyvän ja nautinnon (engl. pleasure ja enjoyment) välillä. Suomenkielessä niillä ei ole selkeää merkityksellistä eroa, mutta Csikszentmihályin mukaan mielihyvää voi saada helposti geneettisesti meihin ohjelmoitujen tarpeiden (syöminen, juominen, lepo, seurustelu, seksi jne) tyydyttämisestä, mutta mielihyvä ei kestä kauan, ja sitä pitää saada pian uudestaan tai enemmän samaan tilaan päästäkseen.

Nautinnon vaikutus kestää pidempään, ja sen saa tulokseksi omien taitojen käyttämisestä johonkin sellaiseen, mikä ei ole lajikehityksen kannalta tärkeää ja geeneihimme ohjelmoitua.

Tiukan tennisottelun pelaaminen, jossa joudumme venyttämään taitojamme, on nautinnollista, samoin kirjan lukeminen, joka paljastaa meille jotain uudessa valossa tai keskustelu, jonka aikana huomaamme itsellämme uusia ajatuksia. Samoin liikesopimuksen syntyminen tai minkä tahansa työn suorittaminen hyvin. Nautinnon saamiseksi uudelleen tämän ärsykkeen pitää muuttua vaikeammaksi tai olla erilainen. Hän kirjoittaa Einsteinin todenneen, että tiede ja taide ovat parhaat keinot paeta todellisuutta. Ne ovat evoluutiota eteenpäin vieviä pakokeinoja, kun yksinkertainen viihde on evoluution kannalta pakoa taaksepäin. (Csikszentmihályi 1994.)

Csikszentmihályin mukaan huomion kiinnittäminen on psyykkistä energiaa. Kilpailevista huomion vaatimuksista aiheutuvan sisäisen konfliktin voittamiseksi on periaatteessa kaksi tietä: toiminnan tie, vita activa, tai pohdiskelun tie, vita contemplativa. (1991, 220.) Jos tämän siirtää lasten maailmaan ja konkretisoi, voisi kenties sanoa, että liiallisen sisätiloissa istumisen vastapainoksi lapset tarvitsevat liikuntaa ja ulkoilua. Toisaalta koulupäivän aikana erilaisten alistumista vaatineiden tai stressiä aiheuttaneiden asioiden synnyttämien paineiden vuoksi hiljainen hetki yksin, hyvän ystävän tai luotettavan aikuisen kanssa purkaisi painetta ja auttaisi lasta löytämään takaisin sisäisen itsensä luo.

Lasten tarvetta omaan aikaan on tutkittu 11-16-vuotiaiden lasten keskuudessa (mm. Sue Vernon, ncl.ac.uk), joista monet ilmaisivat toiveensa olla yksin hälisevän maailman keskellä. Sama toive voi koskea nuorempiakin. Usein sisätiloissa tapahtuvassa iltapäivätoiminnassa ei ole mahdollisuutta pitkäaikaiseen liikkumiseen tai tiloja rauhoittumiseen johtuen jo siitä, että lapsiryhmä on niin suuri, eikä hiljaisuutta voi edellyttää esimerkiksi oppimisen vuoksi. Onhan iltapäiväkerho juuri suosittu ja tunnettu vapaamuotoisesta, epävirallisesta ilmapiiristä.

Luku 5

Medialapsuus

Lapset elävät keskellä uuden teknologian runsautta. Huolestuneimmat vanhemmat ja kasvattajat pelkäävät, että lapset kadottavat kyvyn elää reaalimaailmassa, leikkiä ja olla rauhassa. Toiset luottavat lasten kykyyn toimia aktiivisesti uudessa kulttuurissa. Ääripäiden välissä voi

91

olla tila, jossa aikuiset tehtävänsä mukaisesti suojelevat lapsia netin

haitoilta, kuten pornolta, ja saavat lapset ymmärtämään sen ja

väkivallan näkemisen ikävät seuraukset itselleen.

Lapsille itselleen suunnatun mediakulttuurin lisäksi

lapset eivät voi välttyä näkemästä aikuisille tarkoitettuja lehtiä,

lööppejä, tv-sarjoja, mainoksia, ja internet-sivuja, uutisia, joilla ei ole

yhteyttä lasten omaan maailmaan, ja joiden ymmärtämiseen lapsilla ei

ole tunne- tai kokemusvälineitä. Miten lapsia suojellaan tältä kaikelta?

Koko nykykulttuuria on mahdoton muuttaa.

Haastattelin aiheesta Anna-lehteen Tampereen yliopiston

kasvatustieteen professoria Juha Suorantaa jo vuonna 2001 (Anna 34,

56-57). Myös hänestä kehitysnäkökulma, jossa lapsuus nähdään

erityisenä ajanjaksona, jossa lapset ovat vasta tulossa joksikin, on liian

kapea tässä ajassa ja tilassa, ja juuri teknologiassa on sukupolvinen ero.

Aikuiset ovat saaneet tietokoneet ihailtavakseen vasta lähellä aikuisikää,

lasten maailmassa ne ovat olleet olemassa alusta asti. Uusmedia ja

teknologia ovat osa lasten luonnollista arkea. Lapset omaksuvat

teknologian niin sanotusti äidinmaidossa. Ne, jotka omaksuvat. On

niitäkin, joille sillä ei ole merkitystä. Mutta mediakulttuurin imu on

voimakas, ja lapset oppivat asioita ohi kasvatusinstituutioiden, ohi

aikuisten, vanhempien, huoltajiensa. Suorannan mielestä lasten omaa

kulttuuria pitäisi tarkastella muustakin kuin aikuisten näkökulmasta.

Piirrettyjen, Pokemonien ja muiden vastaavien lapsille

tarkoitettujen ohjelmien väkivaltaisuudesta ollaan myös montaa mieltä.

Ne, jotka luottavat lasten kykyyn erottaa taru ja todellisuus, eivät ole huolissaan väkivaltamallin siirtymisestä.

Joskus lapset itse ottavat kantaa: kaksi ja puoli-vuotias K. ei pidä lasten tv-ohjelmista, joissa on liikaa vauhtia, tappelua ja meteliä. Neloskanavalta (Englannissa) tuli ohjelma, jossa tätä oli paljon. K: - ei tää oo kiva kun ne vaan riehuu ja lyö toisiaan. - Palomiehet on kivoja, kun ne ei riehu ja tappele.

Alison Gopnik (2010, 17 - 28) kiinnittää huomiota muiden muassa Freudin ja Piaget´n perinteiseen väittämään siitä, että vauvat ja pienet lapset rajoittuvat vain välittömiin aistikokemuksiinsa ja havaintoihinsa, eivätkä pysty erottamaan todellisuutta ja fantasiaa toisistaan. Kognitiotieteilijät ovat kuitenkin huomanneet, että tämä perinteinen käsitys ei pidäkään paikkaansa. On huomattu, että jo aivan pienet lapset osaavat erottaa mahdollisuudet todellisuudesta.

Leikin aiheeksi ja aihioksi käy mikä vain yhteisesti jaettu todellisuus: erilaiset suuret urheilukisat, olympialaiset, jalkapallon MM-kisat, euroviisut, tai onnettomuudet ja luonnon katastrofit. Lapset ottavat leikin aiheeksi myös tapahtumia, hahmoja ja juonenkulkuja tietokone- ja konsolipeleistä, ja muuntavat joustavan ajattelunsa avulla vanhat polttopallon poltotkin viideksi elämäksi tietokonepelien mukaan, tai puhuvat toiselle ja kolmannelle tasolle pääsemisestä.

Suvi Pennanen (2008) on lajitellut medialeikit kuuteen luokkaan: hahmoleikit, hokemaleikit, tapahtumaleikit, käsittelyleikit, metaleikit (jossa lapset leikkivät tv-ohjelman tekemistä kameramiehineen, ohjaajineen ja juontajineen) ja pelileikit. Lapset luovat omaa kulttuuriaan, joka sopii heidän avoimeen ja esteettömään tapaansa suhtautua maailmaan (Riihelä 2001.)

Kaksivuotias istui pahvilaatikossa, piteli pesäpallomailaa airona ja selitti: "minä toutelen mailalla".

5.1. Tietokone on vain osa lasten maailmaa

Monilla aikuisilla on ennakkoluuloja tietokoneiden ja erityisesti tietokonepelien vaikutuksista lapsiin. Pelien maailma ei kuitenkaan suoraan vaikuta lasten elämään, jossa vaikuttavat monet muutkin asiat. Pohjoismaiset tutkijat, muiden muassa Carsten Jensen ovat tutkineet tarhaikäisten lasten suhtautumista tietokoneisiin, ja huomanneet, että kyseessä on hyvin paljon vuorovaikutus ja leikki. Tietokoneen vaikutusta ei voida tarkastella erillään sen käyttötilanteesta. ja lasten muusta leikkikulttuurista. Lapselle tietokone on vain yksi väline muiden joukossa. Siitä muusta ajasta on aikuisen pidettävä huolta, jos se lapselta unohtuu.

Niin hyödyllinen, hauska, jännittävä ja mielenkiintoinen kuin onkin, tietokone ei korvaa muuta leikkimistä, aikuisen läsnäoloa tai sosiaalisia taitoja. Aikuisen on hyvä pitää raja teknisten välineiden käytössä, keskustella median viesteistä ja pohtia niiden merkityksiä yhdessä lapsen kanssa, vaikka tälle ei arjessa tahtoisi jäädä aikaa.

94

Huolimatta nopeasta oppimiskyvystään esimerkiksi juuri teknisten välineiden kanssa lasten tunne-elämä ja moraalikäsitykset kypsyvät omaan tahtiinsa ja he tarvitsevat edelleen elämässään tukea, turvaa, ymmärrystä ja neuvoja. Ja on syytä tehdä saman verran muita asioita, liikkua, olla ulkona, urheilla, kuin kulutetaan aikaa tv:n ja tietokoneen parissa.

Medialukutaitoa tarvitaan myös. Näennäisen helppokäyttöisyyden verhon takana internetin käyttö on taitoa vaativa laji, johon pitää opetella. Lapsilla ja nuorilla ei ole aikuisten kokemusmaailmaa, johon verrata tiedotusvälineiden tai netin tietoa. Mediakasvatus on kirjattu osaksi suomalaista opetussuunnitelmaa ja sillä on nykyään oma osansa opettajakoulutuksessa. Suppeimmillaan medialukutaito on sitä, että hallitsee teknisten viestimien peruskäytön. Seuraava taso sisältää jo kykyä ilmaista itseään näillä välineillä, tulkita erilaisia mediatekstejä ja hankkia tietoa. Medialukutaitoinen osaa erottaa informaatiotulvasta olennaisen ja tehdä omia valintoja.

Lapset ja nuoret pelaavat tietokonepelejä usein yhdessä. Tietokoneen ääressä voi olla ainakin kaksi tai useampia lapsia, ja pelejä, vinkkejä ja tietoja vaihdellaan ahkerasti. Pelien maailma ei siirry suoraan lasten elämään, jossa vaikuttavat monet muutkin asiat. Lasten suhtautuminen vaihtelee tutkimisen, tiedonhankinnan ja puhtaan leikkimisen välillä. Lapset saattavat käyttää ohjelmia luovasti eri tarkoituksiin, kuin mihin ohjelma on alun perin tarkoitettu. Esimerkiksi KidPix-piirrosohjelmaa lapset eivät käytä vain piirtämiseen, vaan näppäilevät ohjelmasta esiin erilaisia kuvia ja leikkivät niillä roolileikkejä keskenään. Lisätietoa: www.ped.su.se/barn/hem.html. (Salonen, KotiPC, 9, 2001).

Mikä tietokonepeleissä kiehtoo vähän vanhempia lapsia? Parasta käyttäjän mielestä on pelin maailman hallinta omien päätösten ja valintojen avulla. Peli on erilainen eri kerroilla ja eri käyttäjillä. Perinteisissä tarinoissa on vain yksi suunta, johon lukija ei voi vaikuttaa. Hyvä peli sen sijaan antaa vapauden kokeilla erilaisia käänteitä ja strategioita ja synnyttää omia juonen kulkuja. Mutta on muistettava, että jotkut lapsista ja nuorista ovat alttiimpia peliriippuvuudelle kuin toiset. (Salonen, KotiPC, 10/2002.) Joissakin tutkimuksissa on yhdistetty vähäinen avuliaisuus ja toisten huomioonotto liialliseen väkivaltapelien pelaamiseen. Kyse voi kuitenkin olla myös sellaisten lasten ja nuorten paljosta pelaamisesta, jotka saavat vähemmän tukea kotona tai joiden pelaamista ei rajoiteta. On selvää, että esimerkiksi 5 tuntia pelaamista joka päivä on liikaa.

Suoranta tekee vielä yhden tärkeän huomautuksen. Hänen mielestään jos halutaan suojella lapsia, pitäisi siihen suojeluun ottaa mukaan myös aikuiset. Meidän pitäisi ylipäätään huolehtia tässä yhteiskunnassa enemmän toisistamme, ja luopua vastakkainasetteluista. (Salonen, Anna, 2001.)

96

Luku 6

Lapsuuden paikat

Tutkijat puhuvat lapsuuden tilallisesta hallitsemisesta, lapsuuden institutionalisoitumisesta, pedagogisoitumisesta ja aikatauluttamisesta. Yhteiskuntatieteellisessä tutkimuksessa määritelmän ytimenä on käsitys instituutiosta vakiintuneena ja toistuvana sosiaalisena käytäntönä ja toimintatapana, jonka uusintaminen ja ylläpitäminen on yhteiskunnassa rutiininomaista (Alanen ym., 2010, 55 - 56). Arkikielellä ilmaistuna lapset ja nuoret saavat koulutusta tulevaisuutta varten, heitä valvotaan ja pidetään aktiivisina, kun vanhemmat ovat töissä kodin ulkopuolella. Silloin on taloudellisinta sijoittaa useita lapsia samaan paikkaan, päiväkotiin, kouluun, iltapäiväkerhoon, harrastuksiin. Samalla ne toimivat kavereiden tapaamispaikkoina ja harrastusten ja leikin paikkoina. Taustalla on myös sen valvominen, että lapsista ja nuorista kasvaisi yhteiskuntaa hyödyttäviä kansalaisia, standardiaikuisia.

Mutta kuten perhemuodot ovat moninaistuneet ja laajentuneet, työpaikat kadonneet ja pätkittyneet, ja valtiot menettäneet itsenäisyyttään globaaleille maailmanmarkkinoille, ei standardiaikuisuuttakaan oikeastaan enää ole. Lapsista on edelleen pidettävä huolta, mutta hämmennys vallitsee siitä, kenen tehtävä se on. Perheen lisäksi tai tilalle on tullut ammattikasvattajia ja monenlaisia harrastusohjaajia.

Eeva-Leena Onnismaan väitöskirja kesällä 2010 väitti päivähoidon perustuvan kuvaan vahvasta lapsesta ja heikosta perheestä, ja kasvatusammattilaiset kyseenalaistavat usein vanhempien kasvatustaidon ja -olosuhteet. Myös vanhemmat peräävät lapsen oikeuksia koulun opettajilta ja vaikka mitään ei sanottaisi, vallitsee usein epätietoinen ilmapiiri. Lapsia ei haluta jättää yksin tai kavereidenkaan kanssa edes osaksi päivää, koska pelätään rajujen pelien ja netin liikakäyttöä. Sivujuonteena jatkuvasta valvonnasta on, ettei lapsilla juurikaan ole enää omaa vapaa-aikaa. Kuitenkin juuri leikin ja yhdessäolon kavereiden kanssa on nähty edistävän kognitiivisia taitoja, ajattelu- ja kommunikointikykyä. Monimutkaiset suhteet edistävät kykyä toimia monimutkaisissa viestintätilanteissa. Sen sijaan lasten lisääntynyt ohjattu harrastus- ja kerhotoiminta, joiden tarkoitus on kehittää heitä eri tavoin, saattaakin toimia päinvastoin, kun se vähentää mahdollisuuksia monimutkaisia tilanteita sisältävään vapaaseen leikki- ja vertaistoimintaan, ja lasten omiin ongelmanratkaisuihin. (Frønes 1994 teoksessa Qvortrup ym., 164.)

Nykyisin pohditaan paljon lasten elämän riskitekijöitä ja ongelmien ehkäisyä, ja tarjotaan erilaisia tukitoimia. Toisaalta aina on ollut erilaisia asioita, joilta lapsia suojellaan tai joiden vuoksi heistä kannetaan huolta. Ne liittyvät usein toiseuteen, eron tekemiseen meihin ja muihin, ja pinnalliseen tuomitsemiseen. 1950-luvulla varoiteltiin lättähatuista, namusedistä, mustalaisista, kiellettyjä leikkejä olivat sota-

ja hautausleikit, lääkärileikit. 1960- luvulla lapsia estettiin leikkimästä leikkiaseilla rauhan aatteen hengessä, nykyään kiellettyjä ovat ihmissuhdesarjojen ja onnettomuuksien jäljitteleminen, netissä pyöriminen, väkivaltaiset tietokonepelit. Yksilöllistymisen myötä lapsilla on kuitenkin omat huoneet, omat televisiot ja tietokoneet, joiden käyttöä ei juurikaan valvota.

Lapset voidaan nähdä myös uhkana, kuten Brasilian katulapset, joita pidettiin vaarana sosiaaliselle järjestykselle, ei yhteiskunnallisten olojen uhrina. Britanniassa 1980-luvun lopussa asetettiin erilaisia säädöksiä ja ohjeistuksia lähiönuorten kokoontumisten ehkäisemiseksi, Crime and Disorder Act, ja Child Safety Orders, joihin kuului vanhempia koskevia säädöksiä, kuten jos alle 10-vuotias lapsi on "väärässä paikassa", esimerkiksi ulkona kadulla klo 21 ja 06 välisenä aikana, hänet voidaan viedä kotiin. Samaa on ehdotettu Ranskassa. Myös SuomessaVanhempainliiton kampanjassa korostettiin kieltoja ja kontrollia. Herkästi ajatellaan tällöin, että vika on lapsissa ja nuorissa, jotka tarvitsevat lisää valvontaa. Tällöin jää huomioimatta, minkälainen olisi se hyvä lapsuus ja nuoruus, jossa näitä säädöksiä ei tarvittaisi, ja miten siihen päästäisiin.

Jos yksi neljäsosa tai jopa yksi kolmasosa lapsista Suomessa elää puutteellisen hoivan ja itsearvostuksen varassa (Määttä & Kalliomaa-Puha, 2006), mitä se kertoo heidän kasvuympäristöstään? Viittaan edellä mainittuun THL:n Laman lapset - tietoiskuun. Tyhjien korulauseiden, syyttelyn ja ongelmien etsinnän sijaan vanhempien

99

huolenpidon edellytyksiä on parannettava. Ongelmien ehkäisyn varsinaisille alkujuurille palaaminen on yksinkertaisten asioiden tunnustamista. Tarvitaan luottamuksen valamista vanhempiin kasvattajina, ja molemminpuolista kunnioitusta kasvatusammattilaisten ja vanhempien välillä.

Luku 7

Lastenkulttuuria ja lasten kulttuuria

Lastenkulttuurilla tarkoitetaan puhekielessä lapsille suunnattuja, aikuisten tai lasten itsensä tekemiä taide-esityksiä, lastenkirjallisuutta, satuja, lauluja, tanssia, teatteria, kädentaitoja ja muita vastaavia toimintoja. 1980-luvulla Suomessa lastenkulttuuriesitykset olivat vielä harvalukuisia, toisin kuin nykyään. Englannissa 1990-luvulla elimme keskellä rikasta lapsille suunnattua kulttuuria maailmankuulujen museoiden lastenosastoista joulun ajan pantomiimiesityksiin ja lukuisiin koulun juhliin (niin brittien kuin muidenkin kansallisuuksien juhlapäivinä - oivaa kansainvälisyyskasvatusta). Lapset nauttivat heille suunnatuista esityksistä, jotka eivät aliarvioi heitä, tarjoavat riemastuttavia juonenkäänteitä yllätyksiä ja turvallista jännitystä - ja me aikuiset nautimme heidän reaktioistaan. Pentti Saaritsalla on paljon puhuva runo:

Näin näytelmän
lastenteatterissa.
Nelivuotias sylissäni.
Miten liikkui hänen päänsä
kun toiminta harppoi pitkin näyttämöä!
Minä istuin
teatteri sylissäni. (Tritonus)

Lasten omaa kulttuuria on paitsi leikki, myös kaikki muu lasten kesken tapahtuva toiminta, "koko se muuttuva konteksti, jossa lapset ovat keskenään ja jakavat sosiaalisia kokemuksiaan", kaikki ne tavat, joilla lapset oppivat vuorovaikutusta ja ystävystyvät, tappelevat, väittelevät toisten lasten kanssa. Mutta voidaan kysyä, onko lasten kulttuuri tyhjiössä? Eikö se päinvastoin limity monin tavoin ympäröivään aikuisten kulttuuriin? (James, Jenks, Prout 2001, 82, 96.)

Lapsuuden ja lasten kulttuurin tutkimisessa ilmenee yksi lapsuuden tutkimisen vaikeuksista: kun aikuiset tutkivat lasten kulttuuria, se väistämättä välittyy aikuisten käsitteiden ja tulkintojen kautta. Aitoa lasten omaa kulttuuria syntyy monien tutkijoiden mielestä vain lasten omissa paikoissa, joihin aikuisten katse ja valvonta eivät yllä (Mt., 87 - 88).

"Leikki", jolla sanalla aikuiset tarkoittavat mielestään triviaalia ja helppoa lasten toimintaa, kätkee leikin tarkoituksen vakavana sosiaalisen toiminnan muotona:

Minua häiritsee, kun lasten toimintojen ja tunteiden
koko kirjo puristetaan kulttuurisen 'työn ja leikin'
kahtiajaon 'leikkiosuuteen'; dikotomia
vääristää kaikkien kokemukset. Havainnoidessani
koulujen pihoja näin leikkimisen lisäksi vakavia ja
kohtalokkaita kohtaamisia; todistin vihaisuutta,
surua ja ikävystymistä, mutta myös urheilua ja
leikinlaskua. (Thorne 1993, 5-6 teoksessa James,
Jenks, Prout 1994, 92)

Lasten oman kulttuurin painottaminen liittyy sosiologisen lapsuuden

teoriassa käsitteeseen "heimolapsesta" (tribal child). Käsite eroaa sekä

romanttisesta, että valistuksen ja kasvatuksen kohteena olevasta

lapsuudesta, ja myönnetään, että lapset voivat olla pahantapaisia,

ilkeitäkin kiusantekijöitä, itsekeskeisiä, säälimättömiä toisilleen,

rasistisia, seksuaalisia olentoja. (James, Jenks, Prout 2001, 216.) Se on

monipuolisempi ja totuudellisempi kuva lapsuudesta, joka ei poista

kasvatuksen ja moraaliohjauksen tarvetta, vaan pikemminkin tuo esille

sen tarpeellisuuden.

7.1. Leikin miljoona vivahdetta

Kaikesta osallistamista ja itsenäisyyttä korostavasta puheesta huolimatta lapsilla on oma maailmansa, jossa leikkiminen on ikuisesti heidän. Uskon, etteivät aikuiset yrityksistä huolimatta voi koskaan tavoittaa lasten leikin ja ajattelun perimmäistä maailmaa ja logiikkaa, tai epälogiikkaa, huumoria ja vakavuutta, silmänräpäyksellisiä muutoksia ja symboliikkaa, jota lähes kaikki lapset ymmärtävät. Nekin, jotka kesken leikin tulevat siihen mukaan, ovat useimmiten välittömästi jyvällä siitä, missä mennään.

Se aika ja ympäristö, jossa lapset kulloinkin elävät, vaikuttaa heidän leikkeihinsä, mutta lähinnä sen raameihin ja kehyksiin, leikkien ulkoiseen tarinaan. Leikkien ydinmerkitys pysyy samana. Se on kokeilua, asioiden ja ajatusten järjestämistä ymmärryksen lisäämiseksi maailman ilmiöistä ja toisista ihmisistä, eron tekoa aikuisiin ja myös täysin hyödytöntä luovaa ja surrealistista hauskuutta. Ja paljon muuta, mitä leikki ei ehkä ole enää aikuiselle. Ei ole kuitenkaan kauaakaan siitä, kun aikuiset ja lapset leikkivät samoja leikkejä kyläjuhlissa. Leikkitutkija Johan Huizingan mukaan kaikki kulttuurimme, niin tiede kuin taide, on lähtöisin leikistä. Leikissä on kyse myös leikkimielisestä, luovasta ja avoimesta suhtautumisesta maailmaan.

Lienee syytä sanoa jotain vielä yhdestä montessoripedagogiikkaan liitetystä virheellisestä uskomuksesta, joka ei tullut esiin myyttien yhteydessä edellä. Koska menetelmään kuuluvat olennaisesti edelleen käytössä olevat Maria Montessorin tieteellisesti kehittämät montessorivälineet, menetelmää tuntemattomat luulevat sen tarkoittavan tai leikin ja mielikuvituksen väheksymistä tai että tavalliset lelut ja leikit puuttuvat montessorileikkikouluista. Näin ei ole, vaan sekaannus lienee syntynyt siitä, että Montessorin mielestä pieni lapsi, noin 1-4 -vuotias, hyötyy eniten todenmukaisista kuvakirjoista ja kertomuksista, joissa joku lapsen kaltainen tekee arkipäiväisiä asioita. Niihin lapsen on helppo samaistua. Mielikuvituksen kehittäminen on tärkeää, mutta kuten aiemmin todettiin, hänestä fantasiat ja mielikuvitustarinat kuuluivat hiukan vanhemmille lapsille.

Toinen sekaannus on saattanut syntyä siitä, että montessorivälineet, joita lapset montessorileikkikouluissa käyttävät, ovat tieteellisesti suunniteltuja, ja liittyvät käytännön elämään (esimerkiksi kengän kiillotus, lakaisu, astioiden ja vaatteiden pesu, kukkien asettelu) tai äidinkieleen, matematiikkaan, kulttuuriin, luonnontietoon, maantietoon. Ne eivät ole perinteisiä leluja, joskin myös lapsille tarjolla olevien lelujen joukossa on keittiövälineitä, minisiivousvälineitä, astioita. Niistä, jotka vasta tutustuvat tähän pedagogiikkaan, se voi tuntua hämmästyttävältä, mutta tosiasiassa niin tytöt kuin pojat kahdesta ja puolesta vuodesta kuudenteen ikävuoteen käyttävät mielellään näitä "ei-leluja", kun aikuinen on heidät niihin johdattanut. Pojat lakaisevat, pesevät astioita ja asettelevat kukkia, tytöt rakentavat Pythagoraan neliötä tai trinomia.

Aikuiselle on kerta kerran jälkeen yhtä elähdyttävää nähdä pientenkin 2,5-3 -vuotiaiden kantavan taidokkaasti tarjotinta, jolla on kaksi lasista kippoa ja lusikka, hakevan kannulla vettä yhä uudestaan astioiden pesuun läikyttämättä sitä, pyyhkimällä tarvittaessa lattian tai seuraavan sormellaan hiekkapaperikirjaimen muotoa. Välineiden käyttö - aistivälineet mukaan lukien - edellyttää tarkkaa ja huolellista työvaiheiden noudattamista. Ne vetoavat enemmän tietoon kuin mielikuvitukseen ja vaativat myös keskittymistä ja töiden loppuun saattamista. Työn päätyttyä välineet palautetaan samaan paikkaan, mistä ne on otettu. Keskittyminen vie energiaa, mutta tuo onnistumisen kokemuksia.

Lapset pitävät näistä välineistä, jotka usein muistuttavat luonnosta löytyviä keppejä ja tikkuja, tai teollisesti tuotettujen lelujen perusmuotoja, rakennuspalikoita, puikkoja, sauvoja, palloja, kuutioita, mutta joihin samalla sisältyy algebran ja geometrian alkeita. Silti montessorivälineillä työskentely ei ole samaa kuin vapaa leikki, johon montessoripäiväkodissakin joka päivä on mahdollisuus aivan tavallisilla leluilla, niillä muovisilla, helposti rikkimenevillä esineillä, jotka ovat täydellisen valmiita (tosin lapsilla on kyky muuntaa lelut vaikka miksi, jos leikki niin vaatii). Yleensä montessorivälineitä käytetään aamupäivisin, iltapäivät ovat ulkoilua ja vapaata leikkiä varten.

Vapaa, ei-ohjattu leikki – joka tosin päiväkodissa on sidottu aikaan, paikkaan ja tarjolla oleviin leikkikaluihin - on lapselle tärkeää aivan kuin aikuisillekin, voisi huomauttaa. Leikki on rentoutumista, hauskanpitoa, hyvää tuulta, vitsailua, kiusoittelua, yhteisyyttä muiden kanssa, kepeyttä, iloa, toisaalta myös taistelua, neuvottelua, kompromissien tekoa. Aikuisilla on urheilunsa, golfinsa, shakkinsa, teatterit, elokuvat ja pinnallisemmatkin huvinsa, jotka vertautuvat leikkiin.

Maria Montessorista näytti, että lapset mieluummin tekivät jotain järkevää leikkikouluissa, kuten käytännön elämän töitä, käyttivät aistimateriaaleja tai tekivät matematiikan tai äidinkielen tehtäviä kuin leikkivät leluilla huolimatta siitä, että nekin olivat tarjolla (Montessori 1972). Se sai hänet tekemään sen johtopäätöksen, että leikki leluilla oli lapsista toissijaista, mikä on herättänyt suurta kritiikkiä lasten kasvattajissa ja pedagogeissa. Montessorinajatuksia on tietenkin tarkasteltava myös hänen omaa aikaansa vasten.

Omassa koulutuksessani leikin merkitystä ei vähätelty ja tuotiin esille, että Montessori ei myöskään kieltänyt sitä, toisin kuin esimerkiksi Marjatta Kalliala esittää. Hän toteaa Montessorin kielteisen suhtautumisen leikkiin olevan johdonmukaista ja leppymätöntä, kun tämä esimerkiksi syyttää toista pedagogian suurta nimeä Fröbeliä "symbolin kasvun suosimisesta" ja pitää leikkikaluja "illuusiossa harhailevalle mielelle tarjottuina houkutusesineinä." (Kalliala 1999, 297.) Nämä irralliset sitaatit on poimittu erillään siitä aika- ja asiayhteydestä, jossa ne ovat syntyneet lähes sata vuotta sitten. Montessorin havainnot, että jopa pienet lapset halusivat mieluummin oppia oikeita asioita, laskemista, lukemista, kirjaimia kuin leikkiä

106

mielikuvitusleikkejä, olivat uusia ja hän joutui puolustamaan
näkemyksiään Fröbelin kuvitteluleikkejä vastaan.

Strandell puolestaan on joissain kirjoituksissaan ollut
taipuvainen lähestymään Montessorin näkökulmaa, jota myös itse pidän
oikeaan osuvana. Ehkä olemme aliarvioineet lapsia siinä, että
valtavirran päiväkodeissa leikille, askartelulle ja ohjatulle toiminnalle
annetaan suuri osa päivästä, kun lapset yhtä mielellään opettelevat
leikinomaisesti oikeita asioita, matematiikkaa, ompelemista, kengän
kiillotusta, pöydän kattausta, haluavat tietää avaruudesta ja ihmiskunnan
ja maapallon historiasta tai maantiedosta. Vaatii tosin kasvattajilta
enemmän vaivannäköä ja aikaa odottaa lapsen siivoavan tai kattavan
pöytää, muuntaa tieto lapsen käsityskyvylle sopivaksi ja tarjota tieto
kiinnostavalla tavalla.

Toisaalta lasten koko olemassaolo on täynnä leikkiä,
hauskuutta voi syntyä missä tilanteessa tahansa, esimerkiksi
ruokaillessa (Strandell 1996). Lapset ovat tilanneherkkiä ja vahvistavat
jatkuvasti keskinäistä yhteisyyttään. Olimme aloittamassa lounasta, ja
toivotin hyvää ruokahalua. Siinä samassa 4-vuotiaat pojat alkoivat
oman leikkinsä, joka levisi pöydän muihin lapsiin: hyvää joulua!,hyvää
pääsiäistä! Kun liityin leikkiin ja sanoin hyvää juhannusta!, tuli
jatkohuudahduksia: hyvää silmäripseä!, hyvää huulipunaa! Naurua riitti.
Samalla kun lapset hauskuttivat toisiaan ja minua, he "pyrkivät
säilyttämään keskinäisen kommunikaationsa aikuisen dominoimassa
tilanteessa" (Strandell 1990), mikä kertoo lasten oman kulttuurin

107

vahvuudesta. Kun osallistuin leikkiin, minut hyväksyttiin värjättyine ripsineni leikin säännöillä.

Lukuisat tutkijat ja filosofit eivät ole kyenneet selittämään leikkiä tyhjentävästi, mutta joitakin yhteisiä luokituksia ja merkityksiä leikille on löydetty. Tunnetuin leikin tutkija lienee hollantilainen Johan Huizinga (1947), jonka mukaan leikki on vapautta, luo järjestystä, on järjestystä. Epätäydelliseen maailmaan ja sekavaan elämään se tuo hetkellisen, rajatun täydellisyyden. Toinen tutkija, Caillos, on pitkälti samaa mieltä, mutta ei pidä Huizingan määritelmää tarpeeksi kattavana, koska se sivuuttaa "hyödyttömät" ja kaoottiset leikit keskittyen tarkastelemaan vain "korkeammissa muodoissa esiintyvää leikkiä", joka kumpuaa pääasiassa kahdesta lähteestä: leikki on taistelua jostakin tai jonkin esittämistä, toteaa Marjatta Kalliala (1999).

Inhimilliseen yhteiselämään ja sen suuriin alkuperäisiin toimintoihin on alusta alkaen liittynyt leikki. Huizinga (1947, 13) mainitsee myytit ja kultit, joilla yritettiin selittää käsittämätöntä maailmaa. Niistä alkaa oikeus ja järjestys, kanssakäyminen, elinkeinot, käsityö ja taide, oppi ja tiede.

Nyky-yhteiskunnassa leikki on pinnallistunut, ja leikin monista ominaisuuksista on noussut määräävään asemaan jännitys, ja ennen kaikkea kilpailu: tv:n pudotusohjelmat ja mitä moninaisimmat kisailut, huippu-urheilu, doping, työelämä ja ylipäätään kilpailuyhteiskunta.

Lapsuustutkija Gunilla Lindqvist on sanonut leikin olevan dynaaminen kohtaaminen lapsen sisäisen (tunteet ja ajatukset) ja ulkoisen todellisuuden välillä (Lekens tid, Hämeenlinna, 2001). Keskeistä on lasten oma tila aikuisten ulottumattomissa. Oman tilan haltuunotto merkitsee tilaa seikkailuun. Lapset haluavat itse valloittaa maailman, ryvettyä ja epäonnistua, pettyä ja voittaa.

Ehkä koska aikuiset eivät pääse sisälle lasten leikkeihin - huolimatta omasta lapsuudestaan, joka on unohtunut - he ovat halunneet hallita myös leikkiä, urheilukilpailuista alkaen. Vapaalle leikille varataan päivähoidossa oma rajattu aikansa erotuksena aikuisten ohjaamista piirileikeistä ja askarteluista, osaa leikeistä paheksutaan, tai jopa kielletään, ja leikkipedagogiikasta tehdään väitöskirjatason tutkimuksia. Kaikki tuntematon askarruttaa, eivätkä aikuiset aina pidä näkemästään, jos se herättää heissä itsessään epämiellyttäviä tuntemuksia (esimerkiksi kuolema- ja katastrofileikit). Lapset leikkivät kuitenkin kiinnittämättä leikkeihinsä moraalisia arvostuksia - kuinka he osaisivatkaan. Jos he toistavat toistamasta päästyään kaksoistornikatastrofia tai muuta heidän käsityskykynsä ylittävää ja pelottavaa, televisiosta tai elokuvista nähtyä, he tekevät sen käsitelläkseen asiaa mielessään yhä uudestaan. Aikanaan käsittely loppuu ja tapahtuma on saanut paikan lapsen mielessä.

Käsittelyleikit ovat tärkeitä, eikä aikuisten pitäisi niihin puuttua, elleivät ne muutu hallitseviksi Järkevältä tuntuu kuitenkin käsitellä järkyttäviäkin asioita lasten kanssa puheen kautta. Kun he oppivat sanallistamaan omia ja ympäristön asioita, elämä helpottuu hiukan.

7.2. Muuttuvat lelut ja leikkiympäristöt

Lapset ovat aina leikkineet ja käyttäneet leikeissään erilaisia leikkikaluja. Ennen suurimittaista teollista lelutuotantoa leikin välineeksi kävi melkein mikä tahansa luonnon tai ihmisen muovaama esine. Nykyisen tavarataivaan aikana se on harvinaisempaa..

Leikki on läheisesti sidoksissa myös sukupuoliroolien muotoutumiseen. Suomeen tulivat ensimmäiset teollisesti valmistetut nuket kauppamatkustajien mukana 1900-luvun alussa. Sen jälkeen Martta-liitto alkoi valmistaa niitä omassa tuotantolaitoksessaan. Tytöt ovat useimmiten leikkineet nukeilla äitiä ja kotia, pojat puuhailleet koneiden ja autojen kanssa, kärjistetysti sanottuna. Elävässä elämässä on aina runsaasti poikkeuksia ja yksilöllisiä eroja, mutta pääpiirteittäin leikit olivat sukupuolisesti perinteisemmin jakautuneita kuin nykyään. Ja vaikka kauppiaat pyrkivät myymään tytöille edelleen barbeja ja bratzeja ja pojille taistelupelejä niihin liittyvine oheistuotteineen, 2000-luvulla tytöt ja pojat tekevät paljon samoja asioita samoilla leikkivälineillä. Hoiva ja pelaaminen eivät ole enää niin sidottuja sukupuoleen.

Japanilaisia elektronisia lemmikkejä, tamagocheja, tutkinut antropologi Minna Rückenstein (2009) huomasi, että ensin tytöt

110

hoivasivat lemmikkejään ja tekivät sillä eron poikiin, jotka pelasivat tietokonepelejä, mutta jonkin ajan kuluttua he ulkoistivat tamagochien hoidon äideilleen, jotta pääsivät pelaamaan poikien tavoin.

Tamagochit ovat esimerkki samojen lelujen leviämisestä ympäri maailman Barbien, Bratzien, Powerrangersien, Pokemonien, Turtlesien jne tavoin, lapsille suunnattujen elokuvien oheistuotteista puhumattakaan. Jos nukeilla leikittiin aikaisemmin kotia ja harjoiteltiin tulevaan äidin rooliin - ja toki niin tehdään vieläkin - nykytyttöjen esikuva Bratz lyö laudalta jo Barbienkin. Bratz kuvastaa itsenäistä ja seksikästä naismallia, jonka ammattina on julkkis, viihdetaiteilija tai juontaja. Tytöillä on toki edelleen vauvanukkeja ja myös hoivattavia, suuripäisiä ja -silmäisiä Pikkulemmikkejä (LittlePetz) ja pehmoleluja. Lelusuunnittelijat tuntevat lasten maailmaa, mutta kuinka paljon leikkikalut heijastavat lasten omia haluja, kuinka paljon aikuisten maailmaa?

Emme voi antaa lapsille lapsuutta takaisin sellaisena, kuin sen itse elimme ja koimme. Mutta me voisimme tehdä lasten leikki- ja elinympäristöistä nykyistä monipuolisempia antamalla heille jotain siitä yksinkertaisemmasta ja luonnonläheisemmästä maailmasta, jossa itse kasvoimme. Silloin kaupungeissa oli kiehtovia alueita, vapaita, rakentamattomia tiloja täynnä tutkimattomia salaisuuksia. Niitä voisi jättää kaupunkeihin edelleen - joskus jätetäänkin. Ennen ei ollut yhtä paljon autoja kuin nykyään - siis edistetään joukkoliikennettä ja pyöräilyä (tai potkukelkkailua talvella) ja tehdään lisää autottomia alueita ja kävelyteitä. Eivät lapset viihdy rajatuilla leikkialueilla, joilla on yksi hiekkalaatikko ja kiipeilyteline, jos saavat itse valita. Mitä voi oppia pihapiirissä, jonka ainoa laajempi rakentamaton alue on parkkipaikka?

Lapset ovat uteliaita ja haluavat itse tutkia ympäristöään, tehdä löytöjä ja keksiä omat leikkinsä. Omaehtoisuus tekee elämästä jännittävämpää, ja myös vastuu valinnoista on oma. Päiväkoti, kerho ja koulu, kotikin, jättävät vain vähän tilaa lasten vapaudelle, jota he, niin kuin me vanhemmat, kaipaamme. Vapautta ja omia valintoja, mahdollisuutta virheisiin ja erehdyksiin, omaehtoisesti. Kokemus - hands on! - on paras opettaja. Omat ratkaisut kasvattavat sisäistä varmuutta. Tietenkin on opetettava turvallisuussääntöjä, mutta meidän tulee myös luottaa lasten haluun selviytyä itse.

Luku 8

Lasta ja aikuista - ihmistä - etsimässä

Olen halunnut edellä nivoa yhteen montessoripedagogisen tietouden lapsen kasvatuksesta yhteiskunnalliseen lapsuuden tutkimukseen, ja molempien aikuisuuskäsityksen tähän yhteiskuntaan ja maailmaan, jossa Suomessa ja länsimaissa tällä hetkellä elämme. Sivustatukea olen hakenut filosofien, sosiologien ja muiden viisaiden ajatuksista. Parhaissa ajatuksissa on syvyyttä, joka kantaa, vaikka yhteiskunnat ja maailma muuttuvat.

Lapsen kasvu ja kehitys on kokonaisvaltainen prosessi, johon vaikuttavat niin lapsen sisäinen kehitys kuin hänen ympäristönsä. Aikuisten asennoitumisessa molempiin on suuri merkitys lapsen kasvulle. Psykologis-pedagoginen tietous toimii edelleen lasten ohjaamisen keskeisenä perustana, mutta yhteiskunnallista ulottuvuutta ei pidä unohtaa, varsinkaan silloin kun pyritään ymmärtämään lapsuuden muutosta.

Itsetunnon kehittäminen on tärkeää. Samoin myötätunnon ja tahdonvoiman. Kirjoitin kerran pienen jutun brittiläisistä lapsista paikallislehteen. Brittiläisen Children's Society - järjestön edustaja Elaine Hindal peräänkuulutti The Sunday Times - lehdessä 15. tammikuuta 2011 aikuisten vastuuta lasten hyvinvoinnista. Järjestön tuoreen Hyvä Lapsuus -raportin mukaan joka kymmenes yli 8-vuotias lapsi Britanniassa on onneton ja noin 9 prosentilla kaikista

113

tutkituista 30.000 8-16-vuotiaasta lapsesta on heikko itsetunto. "Mielestämme maamme on lapsillemme paras paikka elää. Mutta jos emme kiinnitä lasten hyvinvointiin nykyistä enemmän huomiota, olemme luomassa menetetyn tulevaisuuden sukupolvea", totesi Hindal. Miten me aikuiset suhtaudumme oman maamme ja kotikuntamme lapsiin ja nuoriin? Näemmekö heidät, muistammeko oman lapsuutemme, osaammeko samaistua, vai pidämmekö heitä vain häiriötekijänä? Kun aikuiset uskovat ja luottavat lapsiin ja nuoriin, heistä tulee sen luottamuksen arvoisia.

Toisaalta samainen englantilainen lehti tiesi kertoa, että itsetunnon ja onnellisuuden sijaan tulevaa menestystä siivittävät enemmän itsekuri ja tahdonvoima. Houkutuksista kieltäytyminen onnistuu Baumeister & Tierneyn mukaan (Willpower: Rediscovering Out Greatest Strength) syömällä terveellisesti, nukkumalla tarpeeksi ja kehittämällä itselleen hyvien tapojen rutiinin. Kirjan arvioinut Daisy Goodwin kuitenkin muistuttaa, että tahdonvoima ei korvaa myötätuntoa. Sen kehittymiseksi lapsi ja nuori tarvitsee empatiaa ja ymmärrystä.

Montessoriympäristössä ei korosteta kilpailua, vertailua toisiin tai ylenmääräistä kehumista, vaan lapsen annetaan kokeilla ja onnistua itse, joskin pieni tuki oikeaan aikaan on A ja O. Siksi lasta ohjaavalta aikuiselta edellytetään paljon; hänen on havainnoitava lasta jatkuvasti, automaattisesti ja herkästi, jotta hän huomaa kulloisenkin kehitysvaiheen ja osaa tarjota sille sopivaa ravintoa, ja ymmärtää myös, miksi lapsi turhautuu.

Montessorikoulutuksessa ja käytännön työssä ohjaajat valmennetaan tähän. He oppivat häivyttämään itsensä taka-alalle lasta ohjatessaan, oppivat huomaamaan pienetkin kehityksen merkit, lähivyöhykkeet, ne rajat, jolloin lapsi on valmis johonkin uuteen ja entistä vaativampaan, mutta tarvitsee siinä herkässä kohdassa aikuisen - tai toisen lapsen - tukea. Suotuisissa oloissa tapahtuu Montessorin termein "normalisoituminen", joka on terminä tieteellinen ja jolla termillä tarkoitetaan lapsen/oppijan optimaalista kehitystä, omien potentiaalien käyttöönottoa.

Tähän käsitteeseen Montessori päätyi havaintojensa ja havaitsemiensa muutosten myötä, joita näki lapsissa ympäri maailmaa, kun ns. Lasten taloissa sovellettiin valmisteltua ympäristöä, vapautta ja ohjaajan uutta roolia. Lapset pitivät järjestyksestä ja yksinkertaisista työtehtävistä, keskittyivät spontaanisti, heillä oli kontakti todellisuuteen, he arvostivat itsenäistä työtä ja kunnioittivat hiljaisuutta ja työrauhaa, olivat aloitekykyisiä ja toimivat oman valintansa mukaan itsekuria noudattaen.

Tästä poikkeavat tilat, kuten esimerkiksi aikuisen toiveiden ja pyyntöjen jatkuva vastustaminen, aggressivisuus, itsekkyys, riidanhaluisuus, laiskuus, turvattomuus, takertuminen tai mielikuvitukseen pakeneminen johtuvat montessoripedagogiikan mukaan erilaisista terveen kasvun esteistä. Tällainen voi olla myös aikuinen, jonka pitäisi poistaa esteitä ja tukea kehitystä, mutta joka ei

115

näin tee.

Montessoripedagogiikan keino vaikuttaa näihin" on mielekäs tekeminen, tasapainon löytyminen merkityksellisen, tarkoituksellisen tekemisen kautta. (Tyrväinen 2004.) Mielekäs tekeminen on sisäänrakennettu montessorivälineissä, jotka jäljittelevät oikeita arkisia töitä; aistimateriaaleissa, jotka kehittävät eri aisteja tai matematiikan, luonnontieteen ja äidinkielen materiaaleissa.

Englannissa niin sanottu Plowdenin komitea esitteli vuonna 1967 lapsikeskeisen, informaalisen kasvatuksen periaatteet, jotka muistuttavat suuresti montessoripedagogiikkaa. Sen ensimmäinen kohta kuuluu näin: "Lapsissa (samoin kuin eläimissä) on perusuteliaisuutta, joka johtaa oppimiseen, mikäli aikuiset eivät aseta oppimiselle esteitä. Aikuisen tehtävä on lähinnä oppimiseen soveltuvien materiaalien tarjoaminen lapsille." Periaatteisiin kuului koulun tärkein tehtävä: lasten luottamuksen säilyttäminen omiin oppimiskykyihinsä ja perustan luominen kykyjen kehittymiselle, oppiminen aluksi konkreettisten kokemusten kautta, ja sitten näiden kokemusten yleistäminen ja abstrahointi.

Plowdenin komitean periaatteissa todetaan lopuksi, että lasta tyydyttävä, yhteistoiminnallinen ja jännittävä koulu rakentaa kansakuntaa, joka elää täyttä ja mielenkiintoista elämää ja joka kiinnostuu myös kanssaihmisensä hyvinvoinnista. Komitean raportti sai myöhemmin paljon kritiikkiä, joskin eräät tutkijat (Blenkin & Kelly) kehittivät informaalista kasvatusta edelleen pyrkien siirtämään

116

opetuksen painopistettä oppiainekeskeisyydestä tiedon hankkimisen kykyjen kehittymiseen.

Kasvatussosiologisissa tutkimuksissa todettiin (Sharp & Green), että huolimatta kaikesta lapsikeskeisyydestä opettajat päätyivät samanlaiseen, oppilaiden kykyjen mukaiseen eriyttämiseen kuin perinteisen koulun edustajat. Plowdenin komitean lähestymistavasta luovuttiin myöhemmin vetoamalla muun muassa siihen, että oppilaiden tiedot perinteisissä lukemisessa, kirjoittamisessa ja matematiikassa eivät toteutuneet yhtä tehokkaasti kuin muodollisemmassa opetustavassa. (Hytönen 1997, 48 -64.)

Montessoripedagogiikassa välineiden ensisijaisena tarkoituksena ei ole lapsen opettaminen käyttämään tiettyä välinettä, vaan avata uusia näkökulmia. (Montessori Jr. 1992, 20, Almusa 2008, 44). Ohjaaja ei pyri vain lapsen tiedolliseen opettamiseen, vaan lapsen ohjaamiseen niiden asioiden pariin ja parissa, joista tämä on kiinnostunut.

Siinä huolestuneisuuden sävyttämässä puheessa, jota lapsuudesta käydään, pelätään lapsuuden loppumista. Sitä ennakoi jo Neil Postman, jonka mukaan lapsuus loppuu, kun salaisuudet häviävät, kun lapsilla on pääsy television ja tietotekniikan kautta samoille tiedon lähteille kuin aikuisilla. Lapsuuden loppumisella tarkoitetaan silloin viattomuuden päättymistä. Siitä ovat todisteena kaupallisen kulttuurin ulkoiset merkit, napapaidat ja muut seksikkäät asut yhä nuoremmille, sen oikean etsimiseen jo ennen kouluikää kannustavat lasten ja

117

aikuisten ohjelmat ja leikit, joissa jäljitellään tv:n ihmissuhdesarjojen juonia ja puhetapoja, tai aikuisten ja lasten välisiä eroja häivyttävät muut ilmiöt mainonnan, kulutuksen ja viihteen maailmassa.

Kaikki tämä näyttäytyy erityisesti nykyvanhempia edeltäville sukupolville epämiellyttävänä yhteiskunnan piirteenä, josta he ovat huolissaan, ja kaipaavat lapsuutta takaisin lapsille sellaisena kuin sen itse muistavat. Kaiken huolen keskellä lapset ovat kuitenkin edelleen lapsia, biologisen ja psykologisen kehityskulkunsa omassa vaiheessa. Eivät he ymmärrä, etteivät eläisi "oikeanlaista" lapsuutta, sillä mihinpä he sitä vertaisivat?

Biologisista ja universaaleista kehityksen vaiheista huolimatta lapsuus on erilainen kuin nykyisten aikuisten ollessa lapsia, koska aika on toinen. Tämä kertoo lapsuuden sosiologian ja historioitsija Ariésin huomiosta lapsuudesta, johon vaikuttavat aika ja paikka, ympäröivä yhteiskunta. Vedenjakajana uudessa lapsuudessa ovat olleet televisio ja tietotekniset viestintävälineet. Aikaan ennen niitä ei ole paluuta, mutta sitä suuremmalla syyllä vanhempien, kasvatusammattilaisten ja lapsuuden tutkijoiden kannattaa kysyä lapsuudesta lapsilta itseltään. Heiltä, jotka sitä elävät ja rakentavat, meistä aikuisista riippumatta.

Uskominen ja luottaminen lasten kykyyn muodostaa mielipiteitä ja heidän kuulemisensa heitä itseään koskevissa asioissa ei merkitse lapsena olemisen loppumista. Lapset leikkivät, oppivat, turhautuvat, pettyvät ja kasvavat edelleen omassa tahdissaan. Me aikuiset toimimme vain usein kovin yksiraiteisesti. Kun on havahduttu lasten toimijuuteen, sillä raiteella mennään ja lisätään vain vauhtia ja voimaa. Sitä ilmaisevat kaikki ne lasten ja nuorten osallistamishankkeet ja kyselyt, joiden tuloksista ei juuri kuulla jälkeenpäin, ja jotka toisinaan koskevat asioita, joihin nuoria vastaajia ei ole perehdytetty, mutta yhtä kaikki osallistamistavoite on saavutettu. Samasta asiasta puhui kanadalainen professori Kay Tisdall Jyväskylässä Children and Knowledge Production –konferenssissa kesäkuussa 2010.

Lasten kuuleminen on nykyään velvoite - YK:n Lasten Oikeuksien Julistuksen 12. artikla - jota kaikkien yhteisöjen tulee noudattaa. Kunnissa laaditaan lasten ja nuorten palvelujen toimintaohjelmia, kouluihin perustetaan uusia oppilaskuntia ja - neuvostoja ja valtakunnan tasolla muotoillaan varhaiskasvatus- ja nuorisosuunnitelmia. Jäljelle jää yhtä kaikki kysymys, kuka konkreettisesti kasvattaa lapset ja nuoret ylisuurissa päiväkotiryhmissä ja koululuokissa, opastaa tietoon ja antaa valmiuksia vaikuttamiseen?

Hyvä itsetunto kantaa pitkälle nuoruuteen ja aikuisuuteen asti. Kun lapsi oppii asettamaan raamit kielteisillekin kokemuksille, joita kaikille tulee eteen, ei paisuta pikkuasioita mielessään, ymmärtää, mikä on itsestä johtuvaa, mikä ympäristöstä, hän pääsee eteenpäin takaiskujenkin jälkeen, ei jää "kuralätäkköön makaamaan", kuten eräs ystäväni asian ilmaisi, ja uskaltaa yrittää yhä uudestaan uusia asioita.

8.1. Lapsuus ja aikuisuus sisäkkäin

Niin paljon kuin aikuiset toisinaan kaipaavat lapsuuden maailmaan, ajatuksessa on myös paljon harhaa. Me muistamme ehkä sen, miten meitä viihdytettiin ja palveltiin, usein toiveisiimme vastattiin, kaikki oli uutta ja jännittävää. Mutta emme muista pettymyksiä, lupausten rikkomisia, pelkoja, surua ja ahdistusta, joita myös koimme, sillä mikään maailma tai kasvattajat eivät ole täydellisiä ja pettymyksiä tulee kaikille. Toiveessa ja tavoitteessa saavuttaa sama taikamaailma uudestaan monet jäävät roikkumaan jonnekin lapsuuden ja kypsyyden välimaastoon, Lars Fr.H. Svendsenin sanoin, ikuiseen puberteettiin. Siinä roikkumisessa on kyse myös vastuun välttämisestä. Mutta hän toteaa myös sen, että koska lapsuus on lopullisesti menetetty, on parempi kurkottaa kypsyyteen.

Nietzschen mukaan ihminen on lapsi, joka voi tehdä elämästä esteettistä leikkiä. Mutta pelkkään esteettiseen pintaan, Frommin helppoihin ärsykkeisiin jääminen, ei anna pysyvää tyytyväisyyttä. Omatunto sanoi Nietzschelle: "Sinun pitää tulla siksi, joka olet". (Svendsen, 170.) Ei ole olemassa sitä aikuisuuden ja kypsyyden pistettä, jolloin voisimme sanoa olevamme valmiita. Emme ole enää sidottuja tiukkoihin elämänvaiheisiin ja sukupolvijärjestykseen, oppiminen ylittää ikärajat. Lapsuus ja leikki, nuoruus ja opiskelu, aikuisuus ja työ, vanhuus ja lepo ovat käsiteluokkina rajaavia. Kaikkiin ikävaiheisiin voi sisältyä kaikkia mainittuja asioita.

Tapasin aiemmin mainitun Martti Lindqvistin vain kerran ennen hänen äkillistä kuolemaansa haastatellessani häntä ja työpariaan Helsingin yliopiston Palmenian lehteen. Myös Eettisen toimikunnan jäsenenä tunnettu Lindqvist sanoo:

Onneksi lapsuus ja aikuisuus eivät ole vain peräkkäisiä jaksoja elämänkaarella. Ne ovat minussa myös rinnakkain ja sisäkkäin. Kaikkein eniten toivon sitä, että minussa oleva lapsi ja minussa oleva aikuinen voisivat hyvänoloisesti ottaa toisiaan kädestä kiinni ja ryhtyä kavereiksi keskenään - kuitenkaan yrittämättä muuttaa toisiaan itsensä kaltaisiksi. Välillä ne voisivat myös liikkua vapaasti eri suuntiin menettämättä silti tietoisuuttaan toistensa läsnäolosta ja keskinäisestä yhteenkuuluvuudesta.

Ihminen on ennen kaikkea luovuuteen ja spontaanisuuteen kykenevä olento. Niissä piilevät meidän tärkeimmät voimavaramme. Kukaan ei tule autetuksi sillä, että kiellän itseltäni ilon ja leikin. Elämä on täynnä asioita, joista voi nauttia pohjia myöten - ilman että tuo ilo olisi keneltäkään poissa. Kosketus omaan luovuuteen ja iloon - siis lapseen minussa - tekee minut vahvaksi myös elämän puolustamisessa ja yhteisten asioiden puolesta käytävässä taistelussa.

Haluaisin myös kyseenalaistaa nykyisen yksilöllisyyden ja itsenäisyyden ihannoinnin, joka väheksyy meissä kaikissa olevaa sosiaalisuuden tarvetta ja altruismia. Saksalainen sosiologi Ulrich Beck

121

viittaa amerikkalaiseen tutkimukseen (Wuthnow), jonka mukaan 75
prosentille amerikkalaisista solidaarisuus ja auttavaisuus ovat yhtä
tärkeitä kuin itsensä toteuttaminen, ammatillinen menestys tai
henkilökohtaisen vapauden laajentuminen. Itse asiassa eläminen
korkean yksilöllisyyden kulttuurissa tarkoittaa, että on omattava
sosiaalista herkkyyttä, osattava suhtautua toisiin ja omiin
velvollisuuksiinsa jokapäiväisen elämän sujumiseksi ja järjestämiseksi.
(Beck & Beck-Gernsheim, 2002, 211.)

Se merkitsee myös sitä, että kaiken lasten oikeuksia
puolustavan puheen ja käytännön huumassa ei tule unohtaa, että myös
lapsilla on vapauksien lisäksi velvollisuuksia. Ei ole tarkoitus, että
heistä tulee oikeuksiinsa joka käänteessä vetoavia ja hemmoteltuja,
vaan vapauteen ja oikeuksiin liittyvä vastuu koskee myös heitä. (Lee,
2010). Näiden välisessä jännitteessä on kasvattajan työkenttä.

8.2. Luottamuksesta

Yksilöllisyyden harhasta on mahdollista vapautua luottamuksen avulla.
Aikaamme leimaa luottamuksen puute, joka pyritään voittamaan
erilaisilla sopimuksilla ja säännöillä. Hankit sitten kirjastokortin tai viet
lapsesi päivähoitoon tai iltapäiväkerhoon, molemmat osapuolet
allekirjoittavat sopimuksen, jossa yhteisistä säännöistä sovitaan.
Sopimuksilla ei ole suurta juridista painoarvoa. Niihin on vaikea vedota
tosipaikan tullen, jos todella pitää konfliktitilanteessa perätä oikeuksia

ja vastuukysymyksiä. (Rantala & Sulkunen, 2006.) Epäluottamus on levinnyt lasten kasvatukseenkin. Kasvatusammattilaiset epäilevät vanhempien kasvatuskykyjä ja toisaalta vanhemmat kyseenalaistavat päivähoidon ja koulun toimintoja erityisesti oman lapsen kohdalla. Pieni lapsi, ja vielä aika suurikin, on luonnostaan luottavainen, tulee lähelle, katsoo silmiin ja ihmettelee, tarttuu käteen, kömpii syliin. Siihen luottamukseen tulee aikuisen vastata samalla tavalla. Me olemme kaikki samassa veneessä, pienet ja suuret, mustat ja valkoiset.

Traagisissa tapauksissa asetelma aikuisten ja lasten välillä johtaa julmuuksiin ja lasten hyväksikäyttöön, tai keikahtaa ylösalaisin lasten joutuessa monista eri syistä kykenemättömien vanhempien hoitajiksi. Toisinaan, elämän ohikiitävissä tuokioissa vanhemman otteen herpaantuessa lapset joutuvat ottamaan vastuullisen aikuisen roolin vain hetkeksi.

Muistan pitkän automatkan, jolloin yötä myöten etsimme vuokraamaamme taloa, kaikki uupuneina ja ärtyisinä. Minulle ja vanhemmalle pojalla tuli sanaharkkaa, joka ei tahtonut loppua, ja uhkasi levitä kaikkiin. Mies, toinen aikuinen, ei osannut sanaharkkaa lopettaa, mutta nuorempi lapsi sanoi silloin minulle rauhallisesti: "äiti, älä sano enää mitään, olet väsynyt, nuku, löydämme kyllä perille." Hämmästyneenä suljin suuni. Me aikuiset emme ole vain aikuisia, vastuullisia, ahkeria, tunnollisia - vaikka olemme sitäkin - vaan myös väsyneitä, heikkoja, epävarmoja, haavoittuvia. Ja lapset ovat suojelun tarpeessa, mutta myös osaavia, ajattelevia, kekseliäitä, tarkkoja havainnoijia, ja kykeneviä kertomaan mielipiteensä.

Kun lapsuus halutaan antaa takaisin lapsille, se ei tarkoita vain sitä, että napapaidat, lasten meikit, viekoittelevat diskotanssit ja vastaavat halutaan kieltää liian nuorilta, vaan myös sitä, että lapset saisivat itse osallistua hyvä lapsuuden määrittelyyn, saisivat enemmän liikkumavapautta ja omaa aikaa. Mutta jotta he voisivat tietää ja aidosti valita eri vaihtoehtojen välillä, niitä pitää olla tarjolla, ja heillä pitää olla tietoa niistä. On aikuisten tehtävä tarjota erilaisia malleja ja ohjata heidät maailmaan, jossa he voivat tehdä omat ratkaisunsa.

Finn Skårderud (2002) mainitsee, että se, mikä aikuisia lapsissa viehättää on erityisesti heidän avoin ja pelkäämätön toisten varaan heittäytymisensä, myöntymisensä tarvitsevuudelle. Meistä on hauska auttaa, olla viisaampia ja kykenevämpiä, opettaa ja ohjata, meitä ilahduttaa, että meitä tarvitaan, mutta samalla saatamme olla kateellisia lapsille siitä, että he uskaltavat antautua avuttomuudelle pelkäämättä, että sitä käytetään väärin.

Sitä luottamusta me kadehdimme. Ja niin me opetamme lapsille itsenäisyyttä alusta asti ja kamppailemme omien vaikeuksiemme kanssa mieluummin yksin kuin muihin turvautumalla. Kuitenkin olemme elämän alusta loppuun alttiina erilaisille haavoittumisille ja säröille. Elämä on epävarmaa, eivätkä mitkään turvallisuussuunnitelmat voi sitä lopullisesti poistaa. Epävarmuuden sietämisessä auttaa tarvitsevuuden myöntäminen toisillemme. Uskallus

124

ottaa vastaan ja myös antaa tukea. Samassa purressa kohti parempaa maailmaa.

Luku 9

Lopuksi

Toivoisin, että kasvatuskeskusteluissa päästäisiin pois ylikorostuneesta vastakkainasettelusta kasvattajien ja lasten ja aikuisten välillä. Lapset eivät opi maailmasta tarpeeksi vain keskenään, mutta aikuisten läsnäolo lasten ja nuorten elämässä saisi olla - ja usein onkin - muutakin kuin valvontaa ja kontrollia. Parhaimmillaan kasvatus on ystävällistä, hauskaa ja opettavaista yhdessäoloa eri-ikäisten kesken. "Useimmat meistä tarvitsevat toisen ihmisen kasvuun saattajana ja herättäjänä", kirjoitti Tampereen yliopiston kasvatustieteen professori Juha Suoranta Niin ja Näin -lehdessä vuonna 1994.

On vääjäämätöntä, että lapsen ja aikuisen välillä ei voi koskaan vallita tasa-arvoa, vaan toisilla on aina enemmän tietoa, kokemusta ja valtaa, kun taas toiset eivät kykene pitämään huolta itsestään. Miten ylittää tämä kuilu? Sama ongelma on lapsuuden tutkijoilla. Kun lapset ovat tiedonantajia tutkimuksessa, he tarvitsevat aina välittäjiä, eli aikuisia, joiden tapa tietää, elää, kokea ja toimia maailmassa on erilainen kuin lapsella. (Alanen, 41, teoksessa Qvortrup etc, 1994).

125

Tätä valtaa ei kuitenkaan tule käyttää autoritäärisesti, yksipuolisen suojelevasti, vaan lapsen omat ajatukset ja tunteet huomioiden. Vieläkin lapsia kohdellaan eri puolilla maailmaa epäoikeudenmukaisesti ja julmasti, niin kehitysmaissa kuin länsimaissa, mutta olemme tehneet pitkän matkan lasten hyvinvoinnin tiellä. Olemme edenneet lapsityövoiman käytöstä, ruumiillisista rangaistuksista, köyhyydestä, sivistymättömyydestä ja hoitamattomista sairauksista hyvinvointivaltioon, lapsen huomioimiseen ja pyrkimykseen kuulla häntä omana itsenään.

Verrattuna toisiin aikoihin ja paikkoihin läntisen Euroopan jälkiteollisten yhteiskuntien lapset ja heidän vanhempansa ovat paremmassa asemassa. Terveydenhoito on hyvää ja tieteellinen kehitys on suonut naisille vallan hallita ja säännöstellä syntyvyyttä - ehkäisyn, hedelmöityshoitojen ja teknisesti turvallisen abortin avulla. Pystymme pelastamaan keskosia ja muuten sairaita lapsia, jotka sata vuotta sitten olisivat menehtyneet. Mutta auktoriteettiaseman oikea käyttö ei ole vielä kaikkien kasvattajien pääomaa. On paljon helpompaa turvautua yksipuoliseen ja perustelemattomaan vallankäyttöön kuin käydä neuvotteluja, joissa lapsi ymmärtää ja hyväksyy kiellot.

Penelope Leach (1994), englantilainen lastenpsykologi, maailmankuulun Baby and Child -kirjan tekijä muistuttaa, että lapsen syntymä, terveys ja kasvu eivät ole vain hänen perheensä yksilöllisiä huolia. Kokonaisuutena englantilainen yhteiskunta ei 1990-luvulla tukenut lapsia ja näiden vanhempia. Sama on jatkunut, myös meillä.

Britanniassa köyhyydessä elävien lasten määrä on noussut 100.000:lla vuodesta 2005 ja brittilapset ovat korkealla "riskitilastoissa"(seksi, huumeet ja alkoholi) ja matalalla subjektiivisen hyvinvoinnin tilastoissa.(Moore 2008). Vastasyntyneelle hänen äitinsä kasvot ovat koko maailma, mutta hänen vanhempansa tai huoltajansa ovat vain lapsen tulevan elämäntyylin ja valintojen "eteisessä", kirjoittaa Leach (1994). Se, mitä vanhemmat tekevät - mitä he voivat tehdä - riippuu siitä, mitä yhteiskunta sallii, hyväksyy tai järjestää.

Kysymykset vapaudesta, valinnoista, niistä aiheutuvasta ahdistuksesta ja luottamuksen rakentumisesta odottavat vielä vastauksia. Ja kysymys oikeasta ja väärästä, miksi on niin vaikeaa , "to do the right thing", kuten englantilaiset sanovat, toimia oikein, siirtää mielihyvää, valita pidemmän päälle parempi vaihtoehto? Montessorimenetelmä ja lasten kunnioittava kasvatus antavat kyllä joitakin vastauksia. Olen pohtinut myös Mika Ojakankaan ajatuksia, jotka nivoutuvat loppujen lopuksi aika hyvin sekä Montessorin ajatukseen *mielekkäästä tekemisestä* parhaana keinona ohjata lasta tasapainoiseen kehitykseen, että lapsuuden sosiologian käsityksiin. Ojakangas (1997, 287-297) sanoo, että "kasvatus on eräänlaista läpi elämän jatkuvaa olemuksesta ulos ohjaamista, vapaan olemuksen sijoittamista sellaiseen omaan tapaan, jota voitaisiin kutsua mielekkääksi" Itsekasvatuksena kasvatus voi jatkua vanhuuteen asti.

Luku 10

Epilogi. Luovuuden juuret luopumisessa, latva uteliaisuudessa

Elämä on hämmentävä paikka näinä loppumattomien mahdollisuuksien aikoina. Ensimmäiset valinnat joutuu tekemään joskus hyvinkin aikaisin. Ehkä noin 2-3-vuotiaana, kun vanhemmat tiedustelevat, minkä värisen paidan tai minkä ruokalajin lapsi sinä päivänä haluaa. Siitä alkaa jatkuvien valintojen ahdistus.

Pahinta on vaihtoehtojen runsaus. Koskaan ei voi olla ihan varma, tuliko valinneeksi oikein, oli sitten kyse hiusshampoosta, partnerista, koulutuksesta, työpaikasta tai sen päivän lounaslistasta. Toisaalta vaihtoehtojen runsaus on myös myönteistä, koska huomattuaan valinneensa väärin - mikä lienee sangen tavallista - voi aina lohduttautua sillä, että seuraavalla kerralla voi valita paremmin. Jatkuva uusiutuminen ja uusien valintojen tekeminen on raskasta, mutta siinä auttaa luovan asenteen omaksuminen. Ihmisen elämää on sanottu taideteokseksi, millaiseksi milloinkin. Impressionistinen valojen ja varjojen leikki, kubistinen, geometrinen abstraktio, herkkä akvarelli tai voimakas öljymaalaus, vaihtoehtoja on runsaasti. Luovuutta vaaditaan kriiseistä selviytymisessä, uusiutumisessa, vanhasta luopumisessa, uuden minän luomisessa kunkin ikäkauden tai elämänmuutoksen edessä.

Se ei ole helppoa, sillä ihminen yleensä ja lapsi erityisesti on muutosvastarintainen konservatiivi, joka pelkää muutoksen aiheuttamaa menetystä, tuskaa ja luopumisen kipeyttä. Lapsessa se on ymmärrettävää, koska hän vasta jäsentelee ja rakentaa maailmankuvaansa. Lapsi ei kestä liian paljon hämmentäviä, muuttuvia yksityiskohtia, jotka sotkevat muotoutumassa olevaa maailmankarttaa, vaikka lapset muuten ovat luovuuden mestareita. Mutta muutoksiin on saatava kasvaa rauhassa, edetä hitaasti. Sillä vielä aikuisenakin muutos hämmentää, menetys sattuu.

Ihminen on turvallisuushakuinen säilyttäjä, joka ei haluaisi minkään välttämättä muuttuvan, paitsi aina vain paremmaksi ja aina vain silloin, kun itselle sopii. Ikävä kyllä, kohtalo ei juuri kysele, sopiiko ihmiselle muutos juuri nyt. Ja sopeutuminen vie aikaa silloinkin, kun on itse halunnut muutosta. Englantilaisen psykiatrin ja kirjailijan Robin Skinnerin mukaan depressio johtuu siitä, että ihminen kieltäytyy muutoksesta, takertuu entisiin odotuksiin, vanhaan karttaan. Jos suinkin tietää suunnan, se helpottaa. Monesti suunnan näkemisen kuitenkin estävät paksut pilvet ja usvaverhot, suru ja hämmennys sekä monet ulkoiset ja tiedostamattomat, meihin manipuloidut tai itse itsellemme rakentamamme muurit. Tuskallisten tunteiden jäädyttäminen merkitsee sitä, että ne jäävät käsittelemättä.

Kriisi vie ensin hämmennykseen, kaaokseen, sitten suruun, josta hitaasti, sitkeällä ja tarkalla suuntautumisella uuteen on mahdollista selvitä. Samalla voi huomata joutuneensa aivan uuteen paikkaan itsessään ja maailmassa. Kiinan kielen kriisi-sanan kaksi merkitystä ovat osuvia: kriisi on uhka ja mahdollisuus.

Ei niiltä välty kukaan. Eivät nekään, jotka kieltäytyvät muutoksesta, karttavat sitä kaikin mahdollisin tavoin, rakastavat rutiinejaan, samoja, vanhoja, turvallisia tapojaan, järjestäytynyttä, hyvin toimivaa elämää. Eikä siinä mitään pahaa. Mutta jotakin oleellista ja tärkeää voi puuttua vanhojen urien täyttämästä elämästä.

Muutoksen tekemistä, siihen sopeutumista ja luovuutta tulisi harjoitella koko elämänsä. Sillä vaikka jotenkin välttyisi elämän ahdingoilta, kukaan ei voi välttyä viimeiseltä kriisiltä. Vanhuuden, sairauksien ja vihdoin elämän päättymisen hyväksymiseen vaaditaan niin paljon taitoa ja luopumisen sietokykyä, että sitä olisi ollut hyvä harjoitella elämän varrella.

Yksi hyvä tapa on olla luovuuden mestareiden, uudesta sopivin annoksin nauttivien pienten lasten taikapiirissä. Siihen pääseminen vaatii uskallusta ja lapsen maailmaan antautumisen halua, nolostumisen ja erehtymisen kykyä, oman lapsuuden muistamista ja oman naurettavuuden hyväksymistä.

Uteliaisuus, tietämisen, näkemisen ja kokemisen riemu eivät katoa iän karttuessa, jos niiden ei anna hävitä. Puolitoistavuotias sisarenpoikani toistaa samana päivänä oppimiaan sanoja hiljaa juuri ennen nukkumaanmenoa: "piakku, eipää, oita, piakku, eipää, oita" (piparkakku, leipää, voita). Uusien asioiden omaksumiseen ja oppimiseen tarvitaan myös sitkeää työtä.

130

Esimerkkejä varhaiskasvatuksen keinoista ja perillemenosta, omaehtoisuudesta, rennosta suhtautumisesta, kyseenalaistamisesta ja neuvottelutilanteista (lapset, J, s. 1990; K. s.1987)

K, 2 v.: K. yritti sanoa sanaa "otsa" onnistumatta kovin hyvin, mutta turhautumatta, ja totesi: "vaikea sana". (rento suhtautuminen)

Isä: "pitää panna pitkät housut, kun "puutarhassa ei ole lämmin, vaikka ei nyt kylmäkään", johon K.: "viilee". (kielen hallinta)

Äiti yritti opettaa sanaa: "valkosipulipuristin". K. oli huvittunut ja sanoi: "vasara oikeestaan".
(rento suhtautuminen)

K. katseli tv:stä miehen ja naisen halaus- ja suutelukohtausta sanoi hetken kuluttua: "ne on... kavereita". (ilmiön sanallistaminen)

Isällä oli harvinaisesti solmio kaulassa. K.: "isä on setä".
(pukeutumisesta ja rooleista)

Tultiin lastenhoitaja-Junen luota leikkiryhmästä. K. kertoi: "Minä kiljuin leikkiryhmässä." Isä: "no, mitä June siihen sanoi?" K.: "June sanoi, että bisquit." (sosialisaation keinoista).

K. "isä osaa hyvin rakentaa traktorin, mutta äiti ei osaa". Näytti äitiä sormella ja sanoi. "sinä et osaa." Äiti puolustautui: "niin kun isä on mies." K.: "ei isä ole mies. Isä on isä vaan". (isiä eivät luokittelut koske)

Kun K. haluaa lopettaa ruokailun, tai muun toiminnan, hän sanoo: "ja sitten kiitos". (kasvatuksen perillemeno)

K. joi mehua omassa sängyssä ennen nukkumaanmenoa. Sanoin, että "nyt riittää, muuten tulee pissa housuun ja sänkyyn yöllä". K. hetken kuluttua: "minä haluan mennä pissalle". No mentiin. Kun päästiin takaisin sänkyyn, K. totesi: "no nyt minä voin juoda sitä mehua". (kausaliteetin tajua, taitavaa taktikointia)

K (3 v) oli suihkuttanut kylpylelullaan seinällä olevan valokuvansa märäksi. Kun moitin häntä siitä, hän otti minua kaulasta kiinni ja sanoi: "halaaminen auttaa". Sanoin, että "niin, mutta ei se tee kuvaa hyväksi enää", johon K : "mutta se tekee äidin hyväksi". (kielellistä hallintaa ja hellää manipulointia)

Nalkutimme taas kerran K:lle, ettei pitäisi juoda niin paljon maitoa eikä käyttää nokallista vauvamukia. K. napautti: "Tää on minun juoma ja minä juon sitä tästä mukista!" (itsemääräämistä kasvatuksen puristuksessa).

Isä haki K.:n koulusta (4 **v**) ja kysyi mitä K. oli siellä tehnyt. "En minä ole ehtinyt sitä vielä ajatella". (omaehtoisuutta, aikuisen näpäyttämistä ajattelemattomuudesta).

"Minä kirjoitin Kasper jääkaapin oveen." Äiti kysyi: missä siinä on 'A'? K.: "Ei siinä tarvita A'ta." (omaehtoisuus)

K. kiusasi pikkuveljeä ja tuli selittämään (ennen ennakoitavissa olevia toruja): " Minä yritän olla J.:lle kiltti, mutta ei onnistu, minä yritän ja yritän..." (strategiaa, manipulointiyritys)

K. ei mennyt nukkumaan ensimmäisellä yrittämällä lastenhoitajan kanssa. Isä yritti vuorostaan: "Nuku tai muuten et pääse mukaan kun lähdetään katsomaan linnaa." K. yllättyneenä: "Ei M. (lastenhoitaja) sanonut mitään linnasta!" (närkästystä tiedon pimittämisestä)

K. nuokkui sohvalla herättyään liian aikaisin. Isä: "pitäis mennä nukkumaan". K.: "miksi?"
I.: "kun siitä tulee hyvä olo". K.: "mulla on jo hyvä olo." I.: " Mutta tulee vielä parempi olo". K.: "mulla on jo vielä parempi olo". I.: "mutta tulee vielä parempi". K.: " mulla on jo vielä parempi!"
(väsytystaktiikkaa)

Kun K. vastusteli taas kerran nukkumaanmenoa ja äiti väsyneenä kysyi, miksi hän aina tappelee vastaan, miksi aina pitäisi tehdä niin kuin hän haluaa, eikä niin kuin toiset häntä pyytävät tekemään, K. vastasi: "kun minun asiat menee teidän asioiden eteen". (asioiden oikea järjestys)

K. (5 v) teki iltapalaa itselleen, äiti kuumensi maitoa kaakaoon. K. kaatoi vielä lisäksi erikseen itselleen kuppiin maitoa. "Etkö syö mitään?" kysyi äiti. "En", sanoi K. "juominen on terveellisempää kuin syöminen. Minun isoisäni sanoi niin minulle kun minä olin 3-vuotias." Äiti hämmästyneenä: "ja sinä muistat sen vielä!" (kasvattajan oikaisemista vastaansanomattomasti vielä vanhemman ohjeisiin vetoamalla)

T. (lastenhoitaja) kysyi J.:lta (3v): "osaatkos sanoa 'vesihiisi sihisi hississä'? J. siihen: "en otaa, mutta otaan tanoa vetihiiti tihiti hittittä." (rentoa suhtautumista, omaehtoisuutta)

J. (4 v): - "onks Afrikassa ollenkaan oravia?"
Ä: - "on siellä kai sellaisia afrikkalaisia oravia."
J.- "ai mustia?" (kulttuuritietoutta)

134

Metafysiikkaa ja veljesten välistä kilpailua:

K. (5 v): "Mun mielestä Jumala on viisas mies, joka syö terveellisesti ja tietää paljon."

Pikkuveli (5 v): " K., onks olemassa niin paljon pogseja, että ne voi mennä Jumalan ohi?"

K. (8 v): "ei voi, Jumala on avaruuden yläpuolella."

Pikkuveli: "voiko laser tappaa taikaa?"

K.:. "Ei, taika on niinku invisible."

K. (5 v) kaatoi omenamehua viinilasiin ja kysyi: "haluaako joku viiniä"? Pikkuveli (2 v 4 kk) siihen: "Ei te ole viiniä, te on vaan mehua".

K (5 v) ja pikkuveli söivät jäätelöä. Kun se oli lopussa, K. tapansa mukaan pyysi lisää, ja kun ei saanut, alkoi valittaa. Pikkuveli siihen: "mutta minä olen tyytyväinen."

J. (6v): Kuudentena syntymäpäivänään, kun oli pitkään ollut melkein 6 ja päivää vaille 6 (juhlat olivat edellisenä päivänä) J sanoi: "now I´m completely six, my legs are six, my head is six, but my brain is infinity". (!)

135

J. (7v):lla oli koulukaveri kylässä koulun jälkeen. He piirtelivät ja puhuivat Jeesuksesta (että poltettiinko hänet vai naulittiin ristille) ja Jumalasta. Koulukaveri sanoi, että "on semmoisia ihmisiä, jotka ei usko Jeesukseen, eikä edes joulupukkiin!" Siihen J.: "mä uskon vaan kaikkiin hyviin asioihin. Mä en esimerkiksi usko hirviöihin, vaikka mä piirränkin niitä." (omaehtoista maailmaan suhtautumista)

Lähteet ja kirjallisuus

Alanen, L., Karila, K. (toim.) (2009): *Lapsuus, lapsuuden instituutiot, lasten toiminta.* Tampere: Vastapaino.

Almusa, K. (2008): *Montessoripedagogisen varhaiskasvattajan auktoriteetin jalanjäljillä.* Pro gradu -tutkimus. Helsingin yliopiston käyttäytymistieteellisen tiedekunnan soveltavan kasvatustieteen laitos. Helsinki: Helsingin yliopisto.

Antikainen, A. & Rinne, R. & Koski, L. (2006): *Kasvatussosiologia.* Helsinki: WSOY.

Aries, P, (1962): *Centuries of childhood : a social history of family life.* Transl. Robert Baldick. Teos: [L'enfant et la vie familiale sous l'ancien re´gime]. London : Jonathan Cape,

Ariés, P, Duby, G, Chartier, R (toim.) (2001). *Omassa Huoneessa. Yksityiselämän historiaa renessanssista valistukseen.* Jyväskylä: Gummerus.

Beck, U. & Beck-Gernsheim, E. (2002): *Individualization: institutionalized individualism and its social and political consequences.* London: Sage.

Corsaro, A. W. (1992): Interpretive Reproduction in Children´s Peer Cultures. *Social Psychology Quarterly*; Jun 92 Vol.55 Issue 2. p 160-177.

Csikszentmihályi, M. (1991): *Flow: the psychology of optimal experience.* New York : HarperPerennial.

Csikszentmihályi, M. (1994): *The evolving self - a psychology for the third millennium.* New York: HarperPerennial.

Csikszentmihályi, M. (2006): *Kehittyvä minuus. Visioita kolmannelle vuosituhannelle.* Suomennos Sari Hellsten. Tallinna: Rasalas Kustannus.

Deleuze,G.& Guattari,F.(1988): *A Thousand Plateaus*.London: Athlone.

Derrida, J.(1976): *Politics of Friendship*. London:Verso.

Ende. M- (1995): *Momo. Merkillinen tarina harmaista herroista ja tytöstä, joka antoi ihmisille takaisin ajan*. Juva: WSOY.

Fromm, E. (1976): *Pako vapaudesta*. Jyväskylä: Gummerus. Helsinki: Kirjayhtymä.

Fromm, E. (1976): *Tuhoava ihminen*. Jyväskylä: Gummerus.

Fromm, E. (1994): *Rakkauden vaikea taito*. Helsinki: Kirjayhtymä.

Frønes, I (1991b), Growing up Modern. Helsinki. Teoksessa Qvortrup Jens, Bardy Marjatta, Sgritta Giovanni, Wintersberger Helmut (Eds) (1994): *Childhood Matters. Social Theory, Practice and Politics*. European Centre Vienna. Aldershot, Vermont: Avebury.

Gopnik, A. (2010): *Filosofinen vauva. Mitä lasten mieli kertoo totuudesta, rakkaudesta ja elämän tarkoituksesta*. Suomentanut Kimmo Pietiläinen. Helsinki: Terra Cognita.

Hayes, M. & Höynälänmaa, K. (1985): *Montessoripedagogiikka*. Helsinki: Otava.

Hoikkala, T. (1993): *Katoaako kasvatus, himmeneekö aikuisuus: aikuistumisen puhe ja kulttuurimallit*. Helsinki: Gaudeamus.

Huizinga, J. (1947) *Leikkivä ihminen. Yritys kulttuurin leikkiaineksen määrittelemiseen*. Suom. Sirkka Salomaa. Helsinki: WSOY.

Hustvedt, S. (2007): *Kaikki mitä rakastin*. Helsinki: Otava.

Hytönen, J. (1997): *Lapsikeskeinen kasvatus*. Juva: WSOY.
Isaacs, B. (2007): *Bringing the Montessori approach to your early years practice*. London: Routledge. Myös e-kirja.

Jensen, A-M. (1994): The Feminization of Childhood. Teoksessa Qvortrup Jens, Bardy Marjatta, Sgritta Giovanni, Wintersberger Helmut (Eds) (1994): Childhood Matters. Social Theory, Practice and Politics. European Centre Vienna. Aldershot, Vermont: Avebury.

Kalliala, M. (1999). Enkeliprinsessa ja itsari liukumäessä. Leikkikulttuuri ja yhteiskunnan muutos. Tampere: Tammer-Paino Oy.

Konner, M. (1991): *Childhood*. Boston, Toronto, London: Little, Brown and Company.

Korpinen, E. (toim.)(2007*): Kohti ilon pedagogiikkaa*. Jyväskylä : Tuope, 2007,1, ISSN 1238-4631

Lallukka, K. (2003*): Lapsuusikä ja ikä lapsuudessa*. Tutkimus 6-12-vuotiaiden sosiokulttuurisesta ikätiedosta. Jyväskylä: Jyväskylän yliopisto

Leach, P. (1994): *Children First*. London: Michael Joseph

Lee, N. (2001): *Childhood and Society*. Buckingham: Open University Press

Lefebvre, H. (2003): *Henri Lefebvre: key writings* / Elden, Lebas, Kofman (eds.) New York : Continuum.

Lillard, P. (1976): *Montessori-pedagogiken i vår tid*. Stockholm: Forum.

Lindén J. & Autio T. (2011): *Opetussuunnitelma yhteiskunnallisen todellisuuden peilinä – esimerkkinä yksilöllisyystulkinnat koulutuspolitiikassa*. Teoksessa Lapsesta käsin, toim. Paalasmaa, Jarno. Juva: PS-kustannus.

Lindqvist, G. (2001): *Lekens estetik*. Neljäs pohjoismainen lasten leikkiä käsittelevä konferenssi. Esteettinen ympäristö, taide taidekasvatus. 3.-6.8.2001. Hämeenlinna.

Montanaro, S. Q (1991): *Understanding the Human Being. The Importance of the First Three Years of Life*. USA: Nienhuis Montessori.

Montessori, M. (1949): *The Absorbent Mind*. Translated from the Italian by Claude Claremont. Clio Press Ltd. Amersham, Buckinghamshire: Halstan & Co. Ltd.

Montessori, M. (1965): *The Advanced Montessori Method*. Madras: Kalakshetra Publications.

Montessori, M. (1972): *The secret of childhood*. Translated by M. Joseph Costelloe, S.J. The Creighton University. Ballantine books. New York: The Random House Publishing Group. Published by arrangement with Fides Publishers, Inc.

Moore, S. (2008): A new deal for British children. *New Statesman*. July 2008.

Ojakangas, M. (1997): *Lapsuus ja auktoriteetti: pedagogisen vallan historia Snellmanista Koskenniemeen*. Tutkijaliiton julkaisusarja, ISSN 0357-4083; 85 Paradigma-sarja. Helsinki: Tutkijaliitto.

Ojakangas, M. (2001): *Pietas: kasvatuksen mahdollisuus*. Helsinki: Summa.

Onnismaa, E-L. (2010): *Lapsi, lapsuus ja perhe varhaiskasvatusasiakirjoissa 1967–1999*. Väitöskirja. Tutkimuksia / Helsingin yliopiston soveltavan kasvatustieteen laitos, ISSN 1795-2158 ; 313. Helsinki: Helsingin yliopisto.

Paalasmaa, J. (toim.) (2011): *Lapsesta käsin. Kasvatuksen ja opetuksen vaihtoehtoja*. Juva: PS-Kustannus.

Pennanen, S. (2008): *Se on niin kuin tavallista leikkiä, se vaan on Pókemonista – Medialeikit toimijuutena päiväkodissa*. Kasvatustieteiden laitos. Jyväskylän yliopisto.

Rantala,K. & Sulkunen,P.(toim.)(2006):*Projektiyhteiskunnan kääntöpuolia*.Helsinki: Gaudeamus.

Riihelä, M. (2001): Esteettinen ympäristö, taide, taidekasvatus *Lekens tid*. Neljäs pohjoismainen lasten leikkiä käsittelevä konferenssi.. 3.-6.8.2001. Hämeenlinna.

Rückenstein. M.: (2009): Luento *Globalisaatio lasten kulttuurisena projektina –virtuaalilemmikit ja jatkuva liike*. Kurssilla Lapsuus, tila, liikkuvus, Helsingin yliopisto. Sosiaalitieteiden laitos. Kevät 2009.

Saaritsa, P. (1976): *Tritonus*. Runoja. Helsinki: Yhteiskirjapaino Oy.

Skårderud, Finn (2002): *Oro. En resa i det moderna självet*. Stockholm: Natur och Kultur.

Strandell, H. (1990): Social Interaction Among Young Children in Day Care Centres. Presented at the XII World Congress of Sociology. Madrid. Teoksessa Qvortrup Jens, Bardy Marjatta, Sgritta Giovanni, Wintersberger Helmut (Eds) (1994): *Childhood Matters. Social Theory, Practice and Politics*. European Centre Vienna. Aldershot, Vermont: Avebury.

Strandell, H. (1995): *Mikä on lasten hyvinvointia? Tiedon tarpeen kartoitus*. Helsinki: Stakes.

Strandell, H. (1996): *Päiväkoti lasten kohtaamispaikkana*. Tutkimus päiväkodista sosiaalisten suhteiden kenttänä. Tampere: Tammer-Paino Oy. Gaudeamus.

Svendsen, L. Fr.H. (2005*): Ikävystymisen filosofiaa*. Jyväskylä: Gummerus Kirjapaino Oy.

Tisdall, K. (2010: *Children and Young People's Participation: Challenging the Status Quo?* Keynote. Children and Knowledge Production. International Conference in Childhood Studies. The 3rd Finnish Childhood Studies Conference. 9-12 June 2010. University of Jyväskylä.

Tyrväinen, M-L. (2004-2006): luennot, Montessori-ohjaaja/Montessoripedagogiikka-koulutus yhteistyössä Helsingin yliopiston koulutus- ja kehittämiskeskus Palmenian ja Suomen Montessorikoulutuksen kanssa.

Vernon, S. (2010): *The importance of alone time for children described by young people*. Paper session. Children and Knowledge Production. International Conference in Childhood Studies. The 3rd Finnish Childhood Studies Conference. 9-12 June 2010. University of Jyväskylä.

Vuorisalo, M. (2009): *Ken leikkiin ryhtyy – Leikki lasten välisenä sosiaalisena ilmiönä päiväkodissa. teoksessa* Alanen, Leena & Karila, Kirsti(toim.): Lapsuus, lapsuuden instituutiot, lasten toiminta, 2009. Tampere Tallinna:Vastapaino.

Qvortrup J., Bardy M., Sgritta G., Wintersberger H. (Eds) (1994): *Childhood Matters. Social Theory, Practice and Politics*. European Centre Vienna. Aldershot, Vermont: Avebury.

Artikkelit:

Honkanen, A.: Artikkeli lääketieteen tohtori ja lastenpsykiatri Jari Sinkkosen (Pelastakaa Lapset ry) esitelmästä lasten levottomuudesta Nuoren Suomen Lasten liikuttajat -seminaarissa 21.-22.11.2009. www.nuorisuomi.fi.

Salonen, M.: Lapset mediamaailmassa – suojelukohde vai etujoukko? Anna, nro 34, 2001

Salonen, M.: Uuslukutaito koskettaa kaikkia. KotiPC, nro 9, 2001;

Salonen, M.: Tietokonepelien kypsyystesti. KotiPC, nro 10, 2002.

Kasvatukseen ja lapsuuteen liittyviä aiempia artikkeleita (Salonen,M.):

Elanto-lehti 1989-96:
Ekokulutuksen vaikeudesta; Äidin unelmia ja karua todellisuutta
Lapsiperheen toiveet ja todellisuus; Tekolumi kruunaa brittijoulun
Kotiapuna au-pair: Estottomia brittejä, turvattomia pyöriä
Vastalääkettä stressiin; Kaikenlaisia ompeluksia

Sanomalehti Keskisuomalainen/Viikonvaihde-liite 1989-96:
- Chili con carne och socker på!
- Pikkujuttuja
- Kimallusta ja pamauksia Lontoon joulussa
- Ja vuosihan vaihtuu vasta ensi kuussa
- Brittiläistä kasvatusta - ja muunmaalaista
- Englantilainen perhe kilpailee lastenkutsuilla
- Pisteet pienille pojille
- Ranskalaishuvilassa tyyliä kerrakseen
- Katu- ja kotisoittoa Lontoossa
Kaks' Plus/Yhtyneet Kuvalehdet 1992 :
- Synnytystä koko elämä - Sheila Kitzingerin haastattelu
- Kasvatuksen parhaat eväät - Penelope Leachin haastattelu
- 12 hyvää syytä hankkia lapsia
Vauva-lehti/HelsinkiMedia 1993:
- Brittiäiti tarttuu maitopulloon
Kaks´Plus 5/00:"Poikakoodi" ja miten se puretaan
KotiPC-lehti (Sanoma Magazines)
4/2001: Tytöt ja pojat ja (se pieni) digitaalinen ero
9/2001: Uuslukutaito koskettaa kaikkia
Vauva-ja leikki-ikä 3b/2002/Sanoma Magazines:
Lapset mediavirrassa kuin kalat vedessä
P.S.Y - Arjen psykologiaa (Sanoma Magazines), 2005:
Tyttöjen tunneäly; Artikkeli tietokonepelaamisesta
Terveydeksi-lehti (Suomen Apteekkari-liitto):
11/2006: Artikkeli lasten lihavuudesta
11/2007: Artikkeli nuorten iho-ongelmista
10/2008 Raskausajan lääkitys
Kirja-arvioita: Kasvatustieteellinen Aikakauskirja Kasvatus 3/2011, 1/2013;
Yliopisto-lehti $^{12}/_{2011}$, Kasvatus- ja perheneuvontaliiton lehti Kas-Per 1/2012